地方自治ジャーナルブックレット No.61

いま、なぜ
大阪市の消滅なのか

「大都市地域特別区法」の
成立と今後の課題

大阪の自治を考える研究会　編著

公人の友社

目次

はじめに

二〇一二年八月二九日、国会で「大都市地域における特別区設置に関する法律」(以下、大都市地域特別区法)が可決・成立しました。この法律は、人口二〇〇万以上の政令指定都市を含んだ大都市地域にかぎり、市を消滅させて、東京二三区と同じような「特別区」を設置する場合の手続きを定めたものです。大阪にあてはめれば、府県なみの権限・財源をもつ大阪市を消滅させて大阪府に吸収し、市域を複数の特別区(現在、五〜七で検討中)に分割する手続きができたわけです。大阪市の消滅と新たな広域自治体(大阪都)の実現を、マニフェストにかかげ当選した橋下大阪市長は、この法律の成立により、一歩前進したかにみえます。

法律の成立をうけ、大阪市は二〇一二年一一月に、検討中の内部資料というかたちで、複数の区割り案を明らかにしました。新聞報道等によれば、この区割り案は一一月末開催予定の市議会に提示され、取扱いについての審議がはじまる予定でした。しかし、周知のように、想定されていた日程より早い一二月一六日に総選挙となり、スケジュールは大幅に遅れることになりました。

大阪維新の会・橋下市長は、かねてより国政への進出を宣言し、新たに「日本維新の会」という政党を立ち上げました。同党の代表代行であった橋下市長は、一一月中旬以降、大阪市長としての公務より、総選挙の全国遊説行動を最優先することになりました。そのあおりを受け、予定されていた一二月定例市議会は急きょ休止され、審議もストップせざるをえませんでした。大阪市政は一カ月余、トップ不在により、実質停止状態になりました。

＊

さて、自民党の圧勝に終わった総選挙をへて、大阪都構想は、今後どのような展開になるのでしょうか。安倍政権と国政に進出した維新の会の動きから目が離せませんが、大阪の選挙区に限ってみれば、維新の会の候補者が大量当選し、大阪ではいぜんとしてつよい支持が集まっているかにみえます。しかし、冷静に観察すれば、大阪都構想に対する疑問や危惧の声が次第に大きくなってきていることも確かです。たとえば、自民党大阪府議団・同市議団は明快に『大阪都』で本当に大阪が良くなるのでしょうか？」と疑問を投げかけ、「大阪都にしないと二重行政はなくならない」「指揮官一人でないと大阪は発展しない」「大阪府と大阪市があるから、大阪の経済が低迷した」という橋下市長と松井知事の主張がいかに根拠のないものであるか、厳しく批判しています。

よく「政治の一寸先は闇」といわれます。今後、政党間で大阪都構想の扱いをめぐってどのような議論や交渉が行われるのか、予想できませんが、もし仮に、自民党大阪府議団・同市議団に代表されるような疑問・危惧に対し、十分な検討がなされないまま大阪市の消滅・分割にむかって法的手続きが進められるのであれば、大阪市民、大阪府民の不幸といわなければなりません。

のちほどくわしく紹介しますが、大都市地域特別区法には、大阪市を消滅させた後の事務配分や財政調整のしくみなどについて、何ら具体的な内容は盛り込まれていません。この法律の基本は、あくまで大阪市を消滅させた後の具体的中身に関して、府・市および大阪市民で決めてください、ということだけを明記した法律なのです。つまり、大阪市を消滅させて、特別区を新設するための手続きを示した法律にすぎないということです。

しかも、この法律にもとづき大阪市が消滅し分割されたとしても、「大阪都」という名称が使えるわけではない、ということにも十分留意しておく必要があります。なぜ、そうなのかについては、後ほど説明します。

＊

大阪都構想は「大阪の統治機構を変える」というスローガンではじまりました。大阪の再生と活力は、大阪で暮らす多くの人々の「自治」によってではなく、一人の指揮官の「統治」にまかせることで実現できるのでしょうか。たしかに大阪市民は、大阪の統治機構を変えるとのスローガンを掲げた市長を選びました。しかし、だからといって、市長に市政のすべてを白紙委任したわけではありません。

くりかえしますが、一人のリーダーに大阪の将来をすべてまかせることで、大阪の活力と自治のかたちがつくれるわけではありません。大阪の活力と自治のかたちは、大阪の市民が潜在的にもつ有形・無形の力、それを背後から支える大阪府、大阪市、さらに大阪府内の全市町村の力を結集しながら築きあげていくものです。大阪都構想は、大阪の自治に新しい可能性をひらくのか、それとも自治の破壊に終わるのか。そのことを大阪の皆さんと一緒に、いま一度考えてみたい、との思いを込めて本ブックレットを発行することにしました。

＊

本書の目的は、大都市地域特別区法の成立による「大阪都構想」の課題を整理しつつ、なぜ大阪市を消滅させる必要があるのか、もう一度考えてみることにあります。同法は、基礎自治体を消滅・分割させ、新たに特別区をつくる法律であるかぎり、東京都区制度がモデルであることに変わりはありません。東京都区制度のもつ「変則性」つまり、東京都が県（広域自治体）と市町村（基礎自治体）という二重の性格をあわせもつ弊害を摘出することで、大阪都構想の問題性はより鮮明に浮かび上がってきます。本書巻末に収録した、栗原利美著、米倉克良編『東京都区制度の歴史と課題』（公人の友社）「あとがき」の「都区制度問題の考え方」は、こうした東京都区制度の問題点をふまえつつ、大阪都構想の重要論点を簡潔かつ的確に整理しています。本書も、この「都区制度問題の考え方」から多くの示唆をうけています。この時期、都区制度を考えるうえで必読の文献であり、参照してください。

第1章　「大都市地域特別区法」とは何か

橋下市長が掲げる大阪都構想を後押しする大都市地域特別区法が成立し、大阪市を消滅させて特別区を設置する場合の手続きがつくられました。この法律は、橋下市長と大阪維新の会が折にふれ「大阪都構想の実現に国会議員が動かなければ、近畿圏を中心に候補者を立てて、法改正を実現する」とゆさぶり、その対応を迫られた各政党が議員立法というかたちで制定した法律です。

以下、法律の概要をまとめ、大阪市の消滅と特別区設置までの手続きのポイントとなる論点を明らかにします。

一　橋下市長・維新の会が主張する大阪都構想とは

大阪都構想は、橋下市長と維新の会の表現を借りれば「大阪にふさわしい大都市制度」であり、世界的な都市間競争に勝つための切り札ということです。しかし、その実質は、大阪市という府県並みの権限と財源をもつ指定都市を大阪府に吸収して「都」とし、その一方で、大阪市を特別区に分割、大阪都の内部団体にする、つまり基礎自治体である指定都市・大阪市の消滅をめざすものです。

橋下市長は、大阪府域には大阪府と大阪市という二つの自治体が存在し、二重行政の弊害が生じているので、府・市を統合し、大阪市を消滅させることによってその弊害を是正できるとしています。しかし、二重行政を府県（広域自治体）と指定都市（基礎自治体）の事務分担の重複とみますと、橋下市長の二重行政批判は、その一部を極大化したにすぎません。

たとえば、東京の大ホールに例をとれば、二重行政どころか国立、都立、区立の三重行政にくわえ、企業立、大学立の大ホールも重なってきます。博物館、図書館などの施設も同様です。しかも、このような二重行政は大阪だけに限らず、どこの府県と県庁所在市との間でも起きている話です。重複する施設が非効率で、利用状況が悪いのであれば、両者で検討・調整すれば済む話で、相互連携・調整の課題を二重行政の弊害と決めつけ、一気に大阪市の消滅に走るというのは、あまりに飛躍しすぎです。

橋下市長の意図は、広域自治体機能の一元化という名のもとに、現在の大阪市をこえる大都市をつくり、「一人の司令官」で統治しながら、東京と並んで、経済大国日本をけん引しようとすることにありそうです。その際のキーワードが「経済成長」であり、「都市間競争に勝つ強い大阪」なのです。

こうした大都市イメージは、けっして新しいわけではなく、むしろ古いイメージをひきずっているように思います。新聞では「沈む先進国の縮図、大阪に」の見出しで、日本の直面する雇用と経済成長の「限界」が大阪に凝縮されていると報じています（「朝日新聞」朝刊、二〇一二年一二月三一日）。おそらく、その「限界」は、短期的な視点で、「とにもかくにも経済成長（＝ＧＤＰの増加）を達成する」だけでは脱出できそうにありません。そうではなく、人口減少と高齢化が進行する日本、その先端にある大都市・大阪の構造変化の現実をしっかりと見据えるところからはじまるはずです。ちなみに現役世代（生産年齢人口）の数が日本で一番減っているのが大阪なのです。その一方で、大阪府内の非正規労働者の比率は全国平均を大きく上回っています。これらのデータに大阪の経済衰退のすがたが象徴されていますが、その原因は「大阪府と大阪市があるから」なのでしょうか。

いま求められているのは、大阪のもつ構造的な「限界」「弱さ」を自覚しつつ、危機感をバネに、弱点をプラスに転化できるような発想の転換なのです。その転換は、けっして平坦ではないですが、少なくとも、府・市を統合し、「一人の司令官」の統治にゆだねることで実現できるものでないことは確かです。

二　「大都市地域特別区法」はどのような法律なのか

この法律は、たしかに大阪府・市を統合して「大阪都」をつくるという動きが契機になってできた法律です。しかし、同法は「大阪都設置法ではない」ことに十分留意しておくべきです。同法の趣旨は、以下に記した要件を備えた道府県・市町村が一定の手続きで合意すれば、大阪以外の道府県でも実現できることになっています。したがって、この法律を根拠に大阪「都」という名称が使えるわけではありません。そのことを踏まえ、以下では、文脈上必要と思われる場合をのぞき、大阪都という言葉は使わず、「新大阪府」という表現に統一します。

さて、法律の手続き概要は下記の通りです（**図表1**参照）。

第一に、道府県において、指定都市と隣接する市町村（関係市町村）で人口二〇〇万人以上の地域を対象に、市町村を廃止して特別区を設ける場合の手続きなどを定めたものです。これにより、条件を満たした道府県では、指定都市を含む市町村を廃止し、特別区を設置できるようになります。

第二に、特別区を設置しようとする道府県と関係市町村が特別区設置協議会を設置し、「特別区設置協定書」を作成します。

協定書には、特別区の名称や区域、特別区の設置に伴う財産区分、特別区の議会の議員定数、特別区と道府県の事務分担・税源配分・財政調整、職員の移管などが盛り込まれます。なお、事務分担・税源配分・財政調整の三項目のうち、政府が法制上の措置等を講ずる必要があるものについては、事前に総務大臣との協議が必要とされています。

第三に、協定書の内容については、まず、道府県と関係市町村は議会の承認が必要であり、全議会の承認を受けた日から六〇日以内に関係市町村で「住民投票」を実施し、全市町村で有効投票の過半数の賛成を得た場合、総務大臣に申請できるとされています。そして最終的に、総務大臣が、特別区の申請を受けて特別区設置の告示を行うこととなっています。

三　国会審議における発言から

大都市地域特別区法が手続き法であることは国会審議における国会議員の発言からも確認できます（注1）。

まず、法案提出者の一人である逢坂誠二衆議院議員（民主党）は「…大都市地域において市町村を廃止して特別区を設置する、その手続を定めるというのがこの法案の柱です」と発言しています。次に、同法案によって「二重行政の解消のためにどのようなことができるのか、地域住民にはどのようなメリットがあるのか」という質疑に対し、坂本哲史衆議院議員（自民党）は「特別区を設置しようとするその枠組みは法的にやはり受け皿としてつくっておかなければならないということで今回の法律をつくったわけでございまして、例えば、大阪に例えますと、この法律をつくることで、大阪都構想の実現が望ましいとか、あるいは市民生活にメリットがあるという価値判断に基づいて成立したものではありません」としています。大阪都構想がいかなる価値をもった制度なのか、その判断は国会ではしない、ということです。その判断は、佐藤茂樹衆議院議員（公明党）のつぎの発言にあるように、「道府県に最初に特別区を設置する際には必ず住民投票を実施することとしておりまして、特別区を設置して住民の皆さんがその特別区の住民となるか否かについても住民投票によって、この住民の民意というものが反映された、その結果次第で

図表1　大都市地域特別区法の手続きの概要

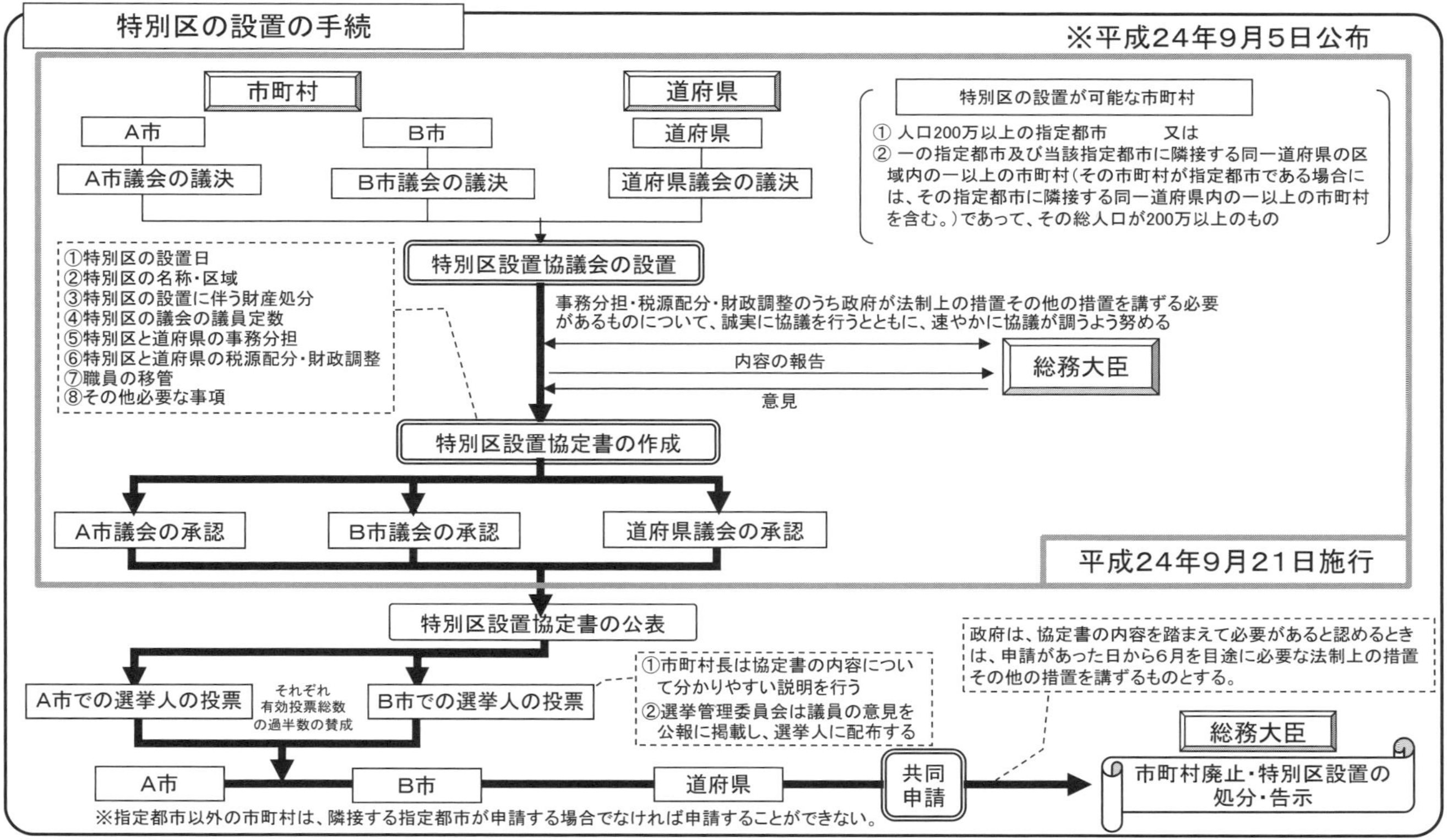

出典：第30次地方制度調査会資料（2012.10.25）

決まる、そういうことになっておりまして、統治のあり方を住民自らがしっかりと決める」ことになります。川端達夫総務大臣も「…住民に大きな影響があることになります。そのため、…住民投票によって特別区の設置の是非について住民の意思が適切に反映されることが重要であろうというふうに考えております」と答弁しています。

さらに、「地方自治法の一部改正ではなく、新規立法とした趣旨は」という質疑に対して、佐藤茂樹衆議院議員は「地方自治法における特別区というのは、都にのみ置かれることを前提として制度化され、これはもう長年の運用によって定着してきたものでございます。これに対して、本法案における特別区は、地域の実情に応じた大都市制度の特例として道府県に置かれるものであって、いわば改革推進的要素を有することから、その設置手続きに関しては、最終的に、地方自治法の改正という法形式ではなく、地方自治法とは別の新規立法、そういう法形式を採用させて頂いたところでございます」と答弁しています。

以上の発言から読み取れる主なメッセージは次の二つです。まず、大阪市の消滅・分割についての具体的な制度設計は先送りしているということです。要するに、都区制度に準じた制度を導入するための手続きだけは整備したので、「大阪にふさわしい大都市制度」の具体的な制度設計やそのあり方については、大阪で決めなさいということです。住民生活に大きな影響があるので、住民の意思、具体的には住民投票で決めなさいと言っているのです。

二つ目は、法律は地方自治法とは別の新規立法という法形式を採用していることです。これは、大都市制度を含め、現行の地方自治法の下での地方自治制度の大枠は変えないという国政当事者の明確な意思の表れであると考えられます。指定都市をふくめた市町村を消滅させ、あらたに特別区を設置する場合の手続きを定めた法律ですから、モデルは東京都区制度です。しかしこの法律は、東京都区制度を想定して条文化されている現行の地方自治法の「改正」には立ち入らないで、あくまで別枠の法律として制定されています。おそらくその理由は、特別区がはたして「憲法上の地方公共団体」（注2）なのかどうか、必ずしも決着のついていない論議に踏みこむことを避けたことにありそうです。

（注1）国会における国会議員の発言内容については、植田昌也「大都市地域における特別区の設置に関する法律について」『地方自治』第七八〇号（二〇一二年一一月号）を参照。

（注2）特別区が憲法上の地方公共団体にあたるかどうかについて、元自治省事務次官の松本英昭氏は、「一般市町村とほぼ遜色のない状況になっているとして、制度的に憲法上の『地方公共団体』として要件を充足したものとする見方もある。しかしながら、昭和三八年の最高裁判決の趣旨（単に法律で地方公共団体として取り扱われているということだけでは足らず、事実上住民が経済的文化的に密接な共同生活を営み、共同体意識をもっているという社会的基盤が存在し、沿革的にみても、また現実の行政の上においても、相当程度の自主立法権、自主行政権、自主財産権等の地方自治の基本的権能を附与された地域団体であること…特別区は、その長の公選制が法律によって認められていたとはいえ、憲法九三条二項の地方公共団体とは認めることができない）を踏まえると、…必ずしも特別区が憲法上の地方公共団体としての要件を充足したと一概に判断しがたい」としています（松本英昭『逐条地方自治法　第6次改訂版』学陽書房、二〇一一年、括弧内は編著者）。

四　想定される今後のスケジュール

府市統合本部によれば、想定される今後のスケジュールは**図表2**のようになります。それによれば、新大阪府と特別区のスタートが二〇一五年四月とされていますから、そこから逆算して、今後二年間で、つぎのことを決め、手続きをすべて完了しなければなりません。

まず、二〇一四年度のできるだけ早い時期に、特別区の区割り、特別区の名称と区役所の位置、新大阪府と特別区の間の事務分担・税源配分・財政調整、区議会議員の定数などを内容とする「特別区設置協定書」の作成と、議会承認が必要です。その後、二〇一四年の秋までに、大阪市民による「住民投票」を実施しなければなりません。

このスケジュールから明らかなように、今後一年余の間に、制度の根幹となる区割りをはじめとした前記項目の具体的内容を決める必要があります。第二章以降に、各項目の主要論点を整理しますが、いずれも市民生活にとって多大な影響をもたらす項目ばかりで、難問山積みです。はたして実質一年余で、市民の納得が得られる「協定書」ができあがるのでしょうか。

なお、法律では、先にのべたように、事務分担・税源配分・財政調整の三項目について、法制上の問題がないかどうか、事前に総務大臣との協議が必要となります。その協議は、現時点では、どういう展開になるのか不明です。

さて仮に、以上の手続が、これから一年余で無事クリアされたとして、その後も、事務分担等

図表2　想定されるスケジュール

●2013年

特別区設置協議会の設置

↓ 協議
- 特別区の区割り・名称、区役所の位置
- 特別区と大阪府との事務分担・税源配分・財政調整
- 区議会議員の定数

など

総務大臣との協議

↓ 事務分担・税源配分・財政調整

●2014年

特別区設置協定書の作成

↓

府市両議会で協定書の承認（賛成多数が条件）

↓ 60日以内

大阪市民による住民投票（賛成多数が条件）

↓

総務省に特別区設置の共同申請

↓

総務省による特別区設置の告示

↓

国会で関連法の改正　　　府庁／区役所での準備作業

↓ 対象法140前後

●2015年

新大阪府／特別区の設置（大阪市の消滅）

に基づく新大阪府と特別区への職員の移管・配置、さらに特別区の組織および予算編成等々、やるべき作業は目白押しです。橋下市長は、このような超過密な日程のなかで、どのような考え、手法で大阪市の消滅・分割を実現しようとするのでしょうか。スケジュールの全体をみる限り、市民は周辺に追いやられ、その姿がよく見えないことが気になります。

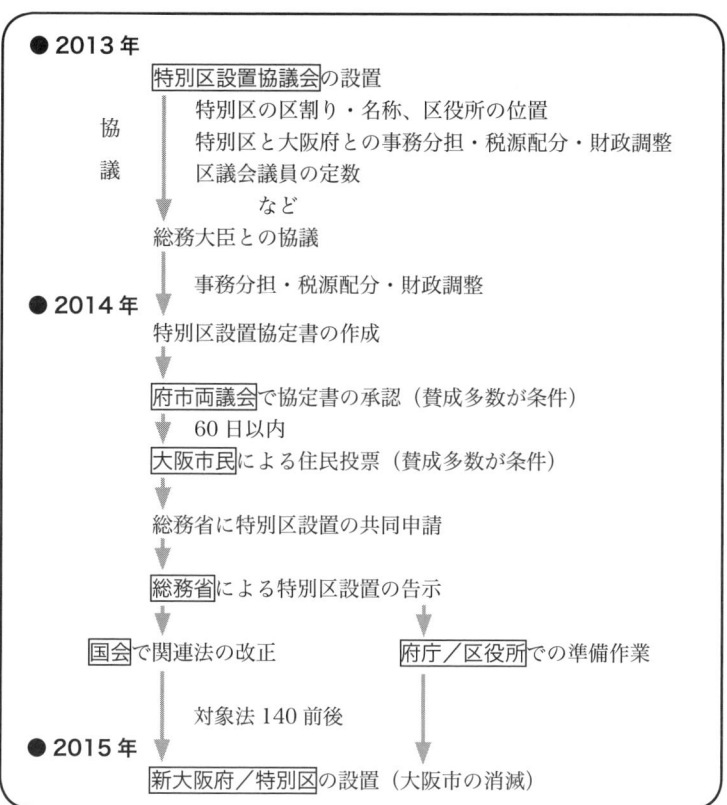

コラム1

大阪都構想と堺市民

大阪府内にはもう一つの指定都市——堺市がある。その堺市議会では、大阪維新の会は52議席中11議席しか確保しておらず、他会派のほとんどが大阪都構想に反対の姿勢を示している。したがって、市議会も都構想の実現に向けて設置された「大阪にふさわしい大都市制度推進協議会」への不参加を表明した竹山市長の動きに同調している。

堺市関係者は「堺市分割」につながる大阪都構想への反対姿勢を強めているが、堺市民は大阪都構想についてどう考えているのだろうか。最近の選挙結果を見ると、維新の会設立約1年後に行われた2011年の統一自治体選挙では、維新の会の得票率は全体の29%を占め、政党別での第1位となっている。さらに、大阪府・市ダブル選挙を経て、大阪都構想が具体性を帯びてきた2012年12月におこなわれた衆院選での、堺市域における比例区の得票率をみると、維新の会の得票率は37%とさらに伸びを見せ、2位の自民党の20%の2倍近い数字となっている。この数字は大阪府域全域での維新の会の得票率36%と比べてもほとんど差はなく、このデータから堺市分割につながる大阪都構想への反対の民意を読みとることはできない。

2013年秋には、竹山市長の任期満了にともない堺市長選挙が行われる。竹山市長は出馬の意向を示しており、橋下・維新の会は対立候補の擁立を探っていると報じられている。今年秋の市長選挙の争点が「堺市の消滅・分割」にいたる大阪都構想の実現の是非となることは間違いないであろう。果たして堺市民はどのように判断するのであろうか。

第２章　特別区設置協定書の論点を整理する

一　「特別区」の正体と区割り問題

「区割り案」は本当にできたのか

二〇一二年一一月一四日の夕刊で新聞各紙は、四つの案からなる「区割り案」（**図表３**参照）が公表されたと報じましたが、どの新聞を読んでも、どういう性質の「案」なのか、いまひとつはっきりしません。大阪市のホームページを見ると、一一月一四日に開催された第九回「新たな区」移行プロジェクト会議（注３）で、区長が区割り試案の説明を行ったとの記述があります。この区長とは、昨年八月に採用された公募区長のうち、一〇人で構成するブロック化検討プロジェクトメンバーのことと思われますが、じつは新聞各紙はすでに一一月三日に、この案の内容をほぼ正確に報じています。究極の情報公開を誇る大阪市の面目躍如といったところですが、あくまで

図表3　4つの「区割り案」

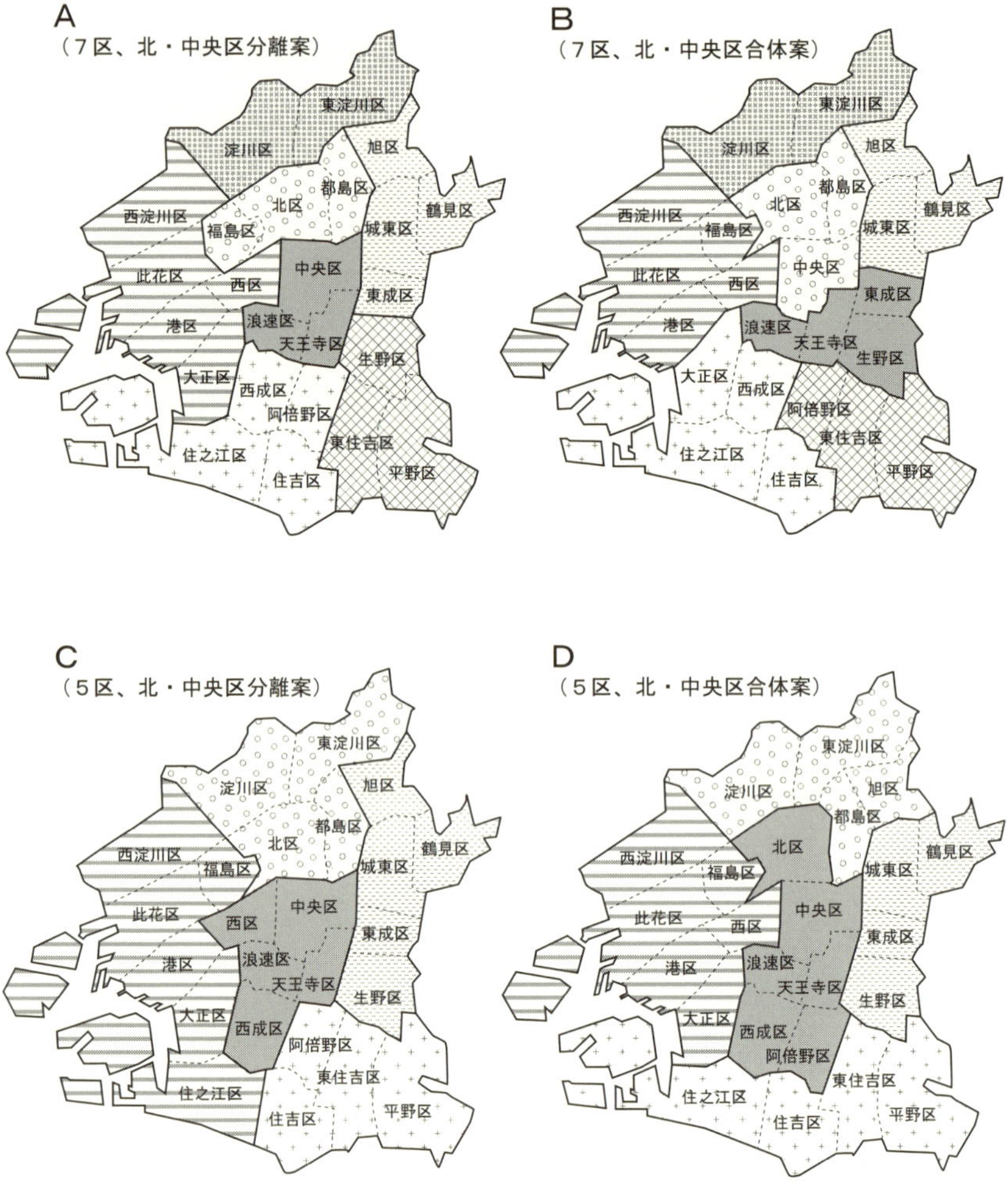

出典：第9回「新たな区」移行プロジェクト会議資料（2012.11.14）

公募区長による行政内部の検討会の資料が、あたかも決定事項のように報道されていいのでしょうか。

実際、その案はこれも行政内部の検討機関にすぎない「新たな区」移行プロジェクト会議に「試案」として諮られたものです。興味深いのは、この会議を欠席した大阪市特別顧問の金井利之教授（東京大学）がプロジェクト会議に寄せた文書です。その文書で金井教授は、「基礎自治を担うという観点からは、区民に密着したサービスを考えると、区域内の拠点から何分間で車や自転車で移動できるかというような、生活圏域の実感がほしい」「『やさしい区』による区民生活サービスの充実というよりは、区という小さな単位での開発プロジェクトばかり考えているのではないか」「（北・中央区合体について）合体すべきであるという論拠も、分離すべきであるという論拠も、いま一つ不明確である」「人口規模の問題もなかなか難しい。…中略…三〇万から五〇万とした論拠がほしいものである」などと指摘しています。この区割り案では、ダブル選挙以来、橋下市長自身が声高に言ってきた「やさしい基礎自治体」の考えが見えないではないか、という批判でしょう。

ところで「大阪にふさわしい大都市制度推進協議会」という大阪府知事、大阪市長、大阪府議会、大阪市議会で構成する、条例で定められた協議会（二〇一二年四月発足）があります。二〇一二年九月一〇日に開催された第六回の協議会の場で、維新の会の議員が大都市地域特別区法の成立を根拠に、同協議会の議論を終了し、これ以降は法定協議会である特別区設置協議会の議論に移行すべき、と緊急動議したために議事は大荒れになりました。浅田均協議会会長のさばきは、その動議を採択するとともに、大都市制度推進協議会をあと一回は開催して、区割り案を提案するというものでした。その席上、橋下市長は区割り案の検討はたいへんなので、あと二カ月はかかるなどと発言しています。

なお、七回目の協議会の開催は、橋下市長の総選挙活動のために先送りされてきましたが、二〇一三年一月一八日にようやく開催され、同協議会も終了することとなりました。

「大阪都構想」の本音——切り捨てられる基礎自治体の機能

最近の新聞報道では、報じられた「試案」がそのまま、二月二七日に発足した特別区設置協議会に、区割り案として提示されたようですが、疑問は尽きません。案は四つもありますが、四案は二つの軸、「七区か五区か」と、「北区と中央区を分離するか合体するか」で、区分されています。そのために微妙な区が出てきます。七区案だとA区とB区は分かれるけれど、五区案だと一緒だとか、北区と中央区がくっつくか離れるかのあおりを受けて、くっついたり離れたりする区が出たり…。そうすると総論はいいけれどA区だけこうしてよ、といった意見はきっと出てきます。一つ認めるとB区も、C区もと収拾がつかなくなります。つまり案が四つもあるということは何も決めていないということと同じではないかということです。もっといえば、決められなかったのではないか、ということです。

もうひとつ。そもそも特別区はダブル選挙当時、八区~九区の予定だったはずです。五区とか七区とかは明らかに方針転換です。いつ、誰が、どういう議論をへて方針転換したのでしょうか。

橋下市長が「行政的に手堅く、いい案だ」と述べたとか（毎日新聞一一月一四日）、「現場感覚に基づいている」と評価した（朝日新聞一一月一四日）とか、新聞は報じていますが、盛んにリーダーシップを振りかざすわりには、制度の根幹にかかわる特別区の規模の基準さえあいまいなまま、区割りの検討がされていたことに、驚いてしまいます。

なぜ八区～九区から五区ないし七区に方針転換されたのか、橋下市長は変更の根拠を明らかにし、自らの言葉でしっかり説明すべきでしょう。マスコミにもその点こそ突っ込んでほしいものです。

区割りの検討において、このようないい加減さがまかり通るのは、橋下市長・維新の会の「大阪都構想」なるものが「強い広域自治体」づくりに力点があり、「やさしい基礎自治体」にはあまり興味がないからでしょう。

橋下・維新の会は「強い広域自治体」の究極の姿として「関西州」をめざすと言っています。他方、特別区は、大阪府内に存在する、大阪市をのぞく四二の市町村（普通地方公共団体）がもつ権限すら与えられないのです。次節でくわしく説明しますが、「中核市並み」という言葉の遊びで、このままいけば、五区ないし七区に分割された特別区は、一般市町村が本来もっている権限・財源をさえ十分にもちえない、新大阪府の内部団体として出発することになります。その一方で、新大阪府（くりかえしますが、大阪市が消滅しても大阪府は大阪府のままで、「大阪都」にはなりません）は、さらなる大きな広域自治体＝「関西州」をめざすと言っているのですから、そうした構想のなかで、特別区の住民が顧みられる機会はますます失われていきます。

（注3）「新たな区」移行プロジェクト会議は、特別区設置までの移行期の課題の検討と公募区長への助言を目的として設置され（二〇一二年二月）、外部ブレーン（特別顧問）五名により構成されています。

二　からみ合う事務分担と税源配分・財政調整問題

からみ合う三位一体の課題

大都市地域特別区法は、前述したように、国会の審議過程で、橋下市長がいう「中核市並みの権限と財源を有する特別区」が可能かどうか、また、歴史ある大阪市を府が吸収して消滅させることの是非に関して、議論がなされて成立したわけではありません。

法律では、府・市両議会の議決をへて設置される特別区設置協議会で、**図表1**（13頁）で示した八項目を盛り込んだ「特別区設置協定書」が作成されることになります。いずれも困難な課題ですが、なかでも最大の問題は、新しい大阪府と特別区の事務分担であり、これと連動する税源配分・財政調整の問題です。

橋下市長は「中核市並みの権限と財源を有する特別区」を実現すると公言しています。市長当選直後の記者会見でも「東京の特別区は事務権限も財源もいろいろと制約があって問題があるが、大阪都構想は特別自治区の権限と財源を中核市並みにすると明示しているので、ここが決定的な違いだ」と大見栄を切っていました。

しかし、特別区に残す事務と大阪府が吸い上げる大都市事務とを仕分けることはたいへん困難な作業となるでしょうし、そこに税源配分と財政調整の問題がからんでくることになります。この事務分担・税源配分・財政調整のからみを検討すればするほど、中核市並みの権限と財源をもった特別区なるものの実現がいかに困難か、明らかになるでしょう。大阪市には、東京都における都心三区（千代田区・港区・中央区）のような潤沢な税収をもつ地域は存在しません。また、次節で触れますが、大阪府・大阪市の財政は、現在いずれも危機的状況にあります。その現状を考えれば、ない者同士の財政調整になることは明白です。実際のすがたは、たとえば人口規模一〇万前後の箕面市や大阪狭山市がもっている権限・財源すらもたない、実質は大阪府の内部団体にすぎない、不完全な自治体の出現がはっきりと浮かび上がってきます。

東京二三区は都の内部団体!?

都区制度の先輩格である東京都は、太平洋戦争下の一九四三年に、総力戦を遂行するために、東京市を廃止し、府＝都への集権化を断行したときに誕生しました。戦後、都区制度として引き継がれ、「都の区は、これを特別区という」（自治法第二八一条）の規定とともに二二（その後二三区に）の特別区が誕生、公選の区長と議会からなる基礎的自治体としてスタートしました。しかし、特別区のその後の歩みは、基礎的自治体の位置づけが奪われる（都の内部団体になる）など、決して平坦ではありませんでした。

現在の特別区は、二〇〇〇年の改正地方自治法の施行によって「基礎的な地方公共団体」として位置づけられ、法律上は一般市並みの自治体になっています。しかし、地方自治法をよく読めば、特別区がいかに中途半端な自治体であるかがわかります。大阪府内には大阪市、堺市の二つの指定都市の他に三一市九町一村があります。これら市町村は地方自治法では「普通地方公共団体」となっていますが、特別区は、その枠とは別の「特別地方公共団体」（森林の財産区や、ごみ焼却などを目的とした一部事務組合などと同列）と位置づけられています。つまり「市並みの自治体」である特別区とは、実際は、普通地方公共団体である市町村以下の権限・財源しかもたない自治

境）	（まちづくり）	（治安・安全・防災）
ン類回収 害の補償	・都市計画区域の指定 ・市街地再開発事業の認可 ・指定区間の１級河川、２級河川の管理	・警察（犯罪捜査、運転免許等）
下水の採	・区域区分に関する都市計画決定 ・指定区間外の国道、県道の管理 ・指定区間の１級河川（一部）、２級河川（一部）の管理	
処理施設、 理施設の 施設の設 理	・屋外広告物の条例による設置制限 ・サービス付き高齢者向け住宅事業の登録	
発生施設 の受理 液を排出 の設置の	・市街化区域又は市街化調整区域内の開発行為の許可 ・土地区画整理組合の設立の認可	
の収集や 、悪臭を の指定、 定（市の	東京都が特別区の存する区域において処理する市町村事務 ・上下水道の整備・管理運営 ・都市計画決定（上下水道等関係）	・消防・救急活動
	・都市計画決定（上下水道等以外） ・市町村道、橋梁の建設・管理 ・準用河川の管理	・災害の予防・警戒・防除等 （その他） ・戸籍・住基 特別区

図表4　道府県・市町村の主な役割分担の現状

	（保健衛生）	（福祉）	（教育）	（
道府県	・麻薬取扱者(一部)の免許 ・精神科病院の設置 ・臨時の予防接種の実施	・保育士、介護支援専門員の登録 ・身体障害者更生相談所、知的障害者更生相談所の設置	・小中学校学級編制基準、教職員定数の決定 ・私立学校、市町村立高等学校の設置認可 ・高等学校の設置管理	・第一種 業者の登 ・公害健 給付
指定都市	大阪市が担っている事務の範囲 ・精神障害者の入院措置 ・動物取扱業の登録	・児童相談所の設置	・県費負担教職員の任免、給与の決定	・建築物 取の許可
中核市	特別区の事務権限を中核市並みにするとした時の事務の範囲 ・保健所の設置 ・飲食店営業等の許可 ・温泉の利用許可 ・旅館業・公衆浴場の経営許可	・保育所、養護老人ホームの設置の認可・監督 ・介護サービス事業者の指定 ・身体障害者手帳交付	・県費負担教職員の研修	・一般廃 産業廃棄 設置の許 ・ばい煙 置の届出
特例市				・一般粉 の設置の ・汚水又 する特定 届出の受
市町村	・市町村保健センターの設置 ・健康増進事業の実施 ・定期の予防接種の実施 ・結核に係る健康診断 ・埋葬、火葬の許可	・保育所の設置・運営 ・生活保護（市及び福祉事務所設置町村が処理） ・養護老人ホームの設置・運営 ・障害者自立支援給付 ・介護保険事業 ・国民健康保険事業	・小中学校の設置管理 ・幼稚園の設置・運営 ・県費負担教職員の服務の監督、勤務成績の評定	・一般廃 処理 ・騒音、 規制する 規制基準 み)

出典：第30次地方制度調査会資料（2012.10.25）

体であるということの裏返された表現なのです。

事実、東京では固定資産税や都市計画税などが都税とされ、独自の財政調整制度が適用されるなど、特別区は税財政の権限が制約されるとともに、本来は市町村事務であるものを東京都が行うなど、事務権限についても制限された不完全自治体です。

道府県・市町村の主な役割分担の現状を示した**図表4**をご覧ください。特別区が現在行っている事務の範囲は網掛けの部分となっています。東京都は道府県の事務にくわえ、指定都市や中核市などの事務はもちろん、一般市町村が担っている上下水道・消防・都市計画決定などの事務を行っていることがわかります。その分、特別区は一般市以下の不完全自治体に押し止められています。

財政調整が都区制度の根幹

では、そのように不完全な都区制度がどうして存続しているのでしょうか。それには大きな理由があります。日本を代表する大企業の本社が集中立地する都心の区域から徴収される潤沢な税収があり、それを財源にして、都と特別区間で行われている財政調整制度が求心力として働いているからです。

都区の税財源と都区財政調整制度の関係を表した**図表5**をご覧ください。本来は市町村税であるはずの固定資産税・市町村民税法人分・特別土地保有税（調整三税）が都税として徴収され、それを財源にして毎年、都と特別区間で財政調整が行われています（現在は都に四五％、特別区に五五%を配分)。さらに、本来市税である都市計画税と事業所税も都税として徴収され、こちらは調整財源としては使われず、大都市事務の財源としてそのまま都の収入になっています。その結果、東京都は、通常の道府県税の他に、毎年一兆円という、他の府県の一般会計の規模に匹敵する額の税収を得ているのです。

都心の一部の区域に大企業の本社が集中することによって得られる潤沢な税収に依存した都区間の財政調整制度が、東京都にとっても、また、都心区を除く他の大部分の特別区にとっても「おいしい」仕組みとなっているのです。

大阪ではむしろ紛争の原因となる

橋下市長は、この財政調整のしくみ

図表5　都区の税財源と都区財政調整制度の関係

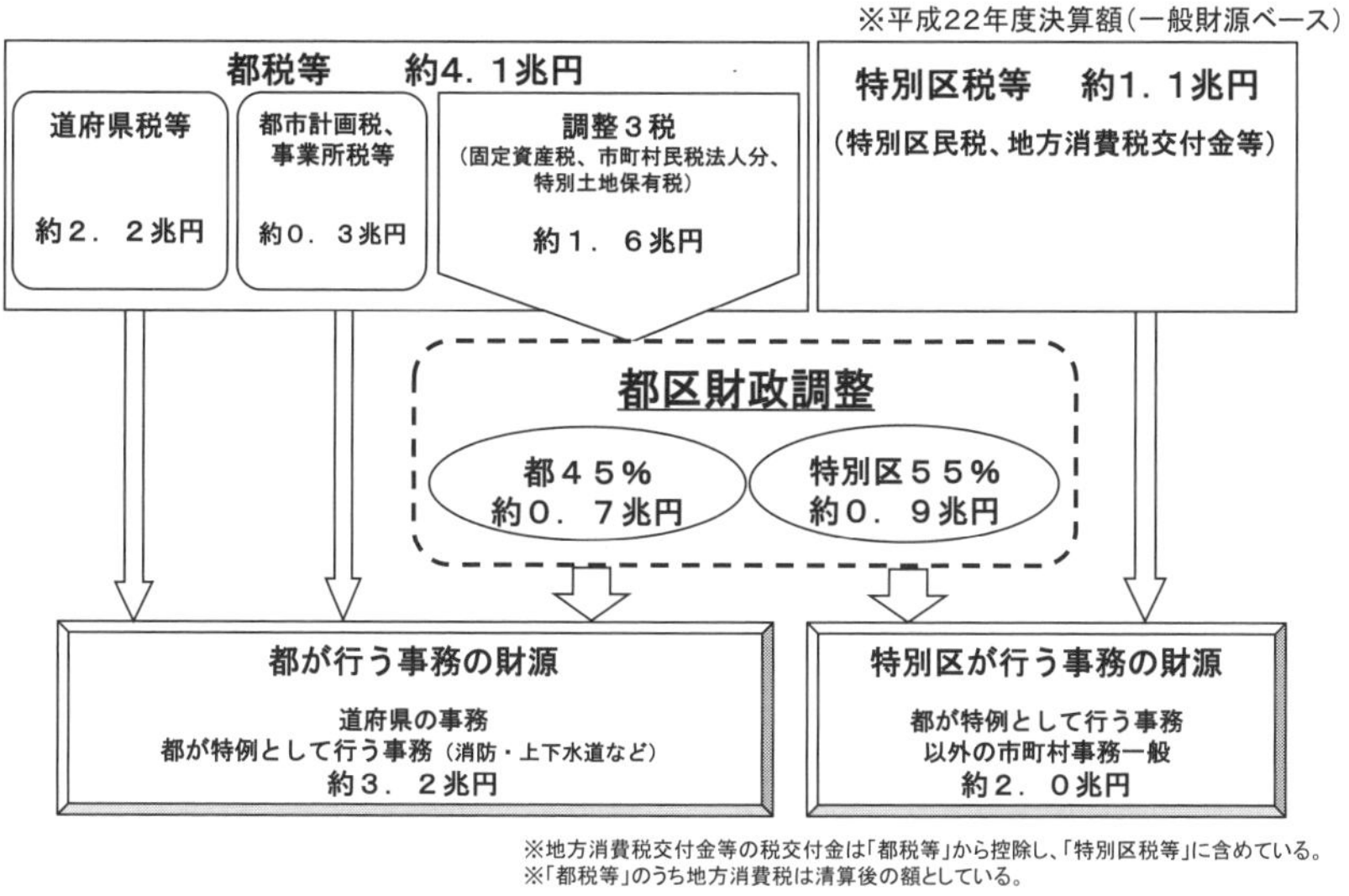

出典：第30次地方制度調査会資料(2012.9.26)

を新大阪府と特別区に適用しようとしています。しかも中核市並みの権限と財源を持つ自治体（特別区）をつくると言っているわけです。しかし問題は、それが本当に可能かどうかです。大阪に東京のように、求心力となる財政調整の条件があるのでしょうか。

長く東京都区制度をウォッチングし、その改革論議にも参画してきた大杉覚教授（首都大学東京）は次のように語って、東京以外の地域での特別区設置に警鐘を鳴らしています。

「都区制度といういびつな自治制度が存続するには、厳しい利害対立があったとしても、都区財政調整制度が求心力をもって都区制度の根幹をなすだけの、『おいしい』とだれもが思える充分な税収源の存在が不可欠だということである。もしこの条件に欠ける場合には、都区財政調整制度が求心力を発揮する保証はなく、むしろ真逆の遠心力として作用する可能性が高くなると推測されよう」（「大都市制度をめぐる改革論議の課題と展望」『地方自治』二〇一一年四月号）。

現在、大阪府も大阪市も地方交付税の交付団体です。二〇一〇年度決算では、大阪府の普通交付税は二九八二億円あまりで臨時財政対策債（注4）が三二二六億円、大阪市は交付税が四七〇億円で臨時財政対策債が九一一億円という交付団体です（**図表6**参照）。府・市とも、国から巨額の交付税の配分を受けなければやっていけない、財政基盤が脆弱な自治体なのです。

東京都は大阪とは異なり地方交付税の不交付団体です。地方交付税は、基準財政需要額と基準財政収入額をそれぞれ計算して、収入額の方が少なければ、その不足分を交付税として交付されるしくみです。二〇一〇年度の決算では、東京都の道府県分は二一七四億円の不足額が出ました。ところが、二三特別区の大都市分は五九四八億円の財源超過になっています。通常であれば、東京都に交付税が交付されるはずです。しかし、法律は、東京都の全域を道府県とみなし、特別区の存する区域を一つの市町村とみなして、それを合算して都に交付するという規定になっており、合算した超過額は三七七四億円になります。そのため東京都には地方交付税は交付されていません。このようなシカケにより、東京都は戦後一貫して交付税の不交付団体であり続けました。

もし仮に、大阪で特別区が設置されることになれば、地方交付税は、大阪府の分と大阪市消滅後の特別区の分を合算して新大阪府に交付されることになります。前述のように、特別区は地方交付税を受ける権利を持つ自治体ではありません。したがって、国の基準で特別区分を含めて大阪府に配分された地方交付税が、大阪独自の基準でもう一度調整されて特別区に配分されることになります。そのなかには、借金である臨時財政対策債も調整財源として含まれています。

名ばかりの自治体が誕生する

以上のように、税源配分と財政調整のしくみを見てきますと、中核市並みどころか、大阪府に税財政の根っこをしっかり押さえこまれ、府のコントロールを受け続ける以外に生きるすべがない、名ばかりの自治体が誕生することになります。それが特別区の正体です。

たしかに、大都市・大阪市を改革することは必要です。しかし、改革するということと、大阪市をなくしてしまえということとは違います。橋下市長が進める構想では、自治体としての大阪市は消滅して存在しなくなってしまいます。本当に大阪市を消滅させ、分割して名ばかりの自治体（特別区）をつくることが、理にかなった選択なのでしょうか。

図表6　東京都・特別区、大阪府・大阪市の歳入・歳出の状況等について

	東京都	特別区	大阪府	大阪市
人口（人、H22国勢調査）	13,159,388	8,945,695	8,865,245	2,665,314
昼夜間人口比率（H22国勢調査）	1.184	1.309	1.047	1.328
面積（km²、H22.10.1）	2,188	622	1,898	222
歳入（百万円、H22決算）	6,170,701	3,172,194	3,681,931	1,642,643
地方税	4,190,132	904,918	985,968	626,018
道府県税	2,284,051	0	985,968	0
道府県民税	997,398	0	386,293	0
法人事業税	559,007	0	193,396	0
地方消費税	392,684	0	195,401	0
自動車税	113,101	0	82,512	0
軽油引取税	43,930	0	42,667	0
その他	177,930	0	85,698	0
市町村税	1,906,081	904,918	0	626,018
市町村民税（個人）	0	830,356	0	130,657
市町村民税（法人）	485,484	0	0	108,060
固定資産税	1,112,587	0	0	279,157
特別土地保有税	6	0	0	0
※調整3税合計	*1,598,077*	*0*	*0*	*387,217*
事業所税	94,354	0	0	24,979
都市計画税	213,650	0	0	57,089
その他	0	74,562	0	26,075
特別区財政調整交付金	0	867,557	0	0
地方交付税、臨時財政対策債	0	0	622,044	139,055
うち普通交付税	0	0	298,242	46,985
（参考）基準財政収入額	1,544,933	1,893,773	696,875	460,590
基準財政需要額	1,762,337	1,298,934	995,117	507,393
うち特別交付税	0	0	1,212	985
うち臨時財政対策債	0	0	322,591	91,085
国庫支出金	452,847	501,200	287,307	333,440
地方債（臨時財政対策債除く）	352,254	48,547	82,491	56,284
その他	1,175,468	849,973	1,704,122	487,848
歳出（百万円、H22決算）	6,012,273	3,074,029	3,641,845	1,641,235
義務的経費	2,192,016	1,583,042	1,178,539	942,921
人件費	1,513,569	634,310	820,976	239,462
扶助費	121,074	838,069	42,934	481,221
公債費	557,373	110,662	314,629	222,238
投資的経費	741,500	361,066	196,887	95,376
その他	3,078,758	1,129,921	2,266,419	602,938

出典：第30次地方制度調査会資料（2012.10.25）

			東京都	特別区	大阪府	大阪市
部門別職員数（人）	職員数・割合	一般行政	18,491	52,078	8,057	16,999
			11.1%	82.9%	9.6%	44.5%
		教育	62,625	8,002	51,891	4,550
			37.5%	12.7%	62.1%	11.9%
		警察	46,721	0	23,092	0
			28.0%	0.0%	27.6%	0.0%
		消防	18,684	0	0	3,423
			11.2%	0.0%	0.0%	9.0%
		公営企業等会計	20,297	2,721	489	13,225
			12.2%	4.3%	0.6%	34.6%
		合計	166,818	62,801	83,529	38,197
	人口1万人あたり	一般行政	14	58	9	64
		教育	48	9	59	17
		警察	36	0	26	0
		消防	14	0	0	13
		公営企業等会計	15	3	1	50
		合計	127	70	94	143
人口1人あたりの税収額（円）			180,380	328,455	113,570	246,666
財政力指数（平成22年度）			1.16	（注）　1.57	0.76	0.94
財政力指数（平成24年度・単年度）			0.87	（注）　1.34	0.73	0.90
経常収支比率			94.5%	85.7%	91.3%	99.4%
実質公債費比率			2.2%	1.3%	17.6%	10.2%
将来負担比率			93.6%	－	266.8%	220.6%
積立金残高（人口1人あたり・千円）			115	151	41	47
地方債残高（人口1人あたり・千円）			436	80	592	1,039
ラスパイレス指数(H23.4.1)			102.1	100.0	93.4	100.2

※特別区の歳入・歳出・人口・面積・部門別職員数は23区の合計であり、その他の項目は23区全域を１つの団体として計算した値である。

※　東京都においては、市町村税である法人市町村民税、固定資産税、特別土地保有税、事業所税及び都市計画税について、都が課税することとされている。

※部門別職員数は総務省「地方公共団体定員管理調査」に基づく平成23年4月1日時点の一般職に属する常勤の職員数。なお、「一般行政」は議会事務局、総務・企画、税務、労働、農林水産、商工、土木、民生、衛生の各部門（教育、公安を除く各種行政委員会を含む。）の総称であり、「公営企業等会計」は、病院、水道、下水道、交通、その他（国保事業、収益事業、介護保険事業、その他）の各部門の総称である。

※人口一人あたりの税収額の人口は平成23年3月31日現在の住民基本台帳人口による。また、特別区の税収額は特別区の存する区域において東京都と特別区が徴収した市町村税相当額を、東京都の税収額は特別区の存する区域において東京都が徴収した道府県税相当額（市町村税相当額を含まない。）を用いている。

※財政指標については、いずれもH22決算数値　　（注）特別区の財政力指数は平成20年度から22年度までの普通交付税の算定に用いる特別区の基準財政需要額と基準財政収入額によって算出しており、他の地方公共団体と比較可能なもの。

※将来負担比率欄の「－」は、充当可能財源等が将来負担額を上回っている場合である。

内閣総理大臣の諮問機関である第三〇次地方制度調査会の西尾勝会長（東京大学名誉教授）は、東京都以外の区域への特別区制度の適用に関する政府の考え方をまとめる審議のなかで、大阪への特別区設置に対する深い危惧の念を表明しています。精読して熟慮したいものです。

「大阪で今度の特別区をつくる際に、当初の出発点は中核市並みとおっしゃっていましたけれども、なかなかその制度設計は大変なことでありまして、実際、工夫してやっていくと、いろいろな観点から、どうもそう行けないのではないか。それでは、どこまでの範囲の事務を持ったらあまりよそ様にも迷惑をかけず、何とか回るという制度になるかということを考えたときに、当初の話とは違って、およそ中核市並みの事務にはならない可能性は現にあるわけです。そうすると、どの範囲まで持てば特別区と言えるのか。それはかなり深刻な問題なので、ここに書かれたような観点は一つの重要な観点なのだと思うのです。

今の（指定都市の）行政区がやっている程度のことでも特別区と言うのかと言われれば、それはやはり違うだろうという話にならざるを得ない。それでは、どの程度まで持てば特別区と言えるのかという話ですから、東京の二三区について考えれば、保健所もない、福祉事務所もない、それでも特別区だったということまで戻れば、一番縮小した特別区なのだと思うのです。

そこまでいったときに、それを基礎的な地方公共団体と言うかというのはもう一つ大問題になるということだと思うのです。その考え方によっては、財政調整の姿もかわってくるわけで、現在、都区間でやっているような財政調整ではなくて、かつての都区間でやっていたような財政調整の姿に戻らざるを得ないのかもしれない。

今どき内部団体論など出すなとおっしゃいますけれども、大阪府・市がみずから考えて、これしかないというのがそういう姿であったら、さてそれを基礎的地方公共団体と言っていいのかという問題が残る。そういうことだと思います。」（三〇次地制調第二二回専門小委員会議事録（二〇一二年一〇月二五日）、括弧内は編著者）。

（注4）臨時財政対策債とは、地方交付税の財源不足を補うため、交付税をわたす代わりに借金の起債枠を自治体に与えるというものです。いわば赤字地方債です。将来の交付税で償還財源を保障することになってはいるものの、GDPの二倍にも達する国の借金を考えれば、将来の交付税で償還という話をあてにするのは危険です。臨時財政対策債は、あくまでも自治体の借金であり、起債を発行するか否かの判断は自治体の側にあります。

三　大阪市の消滅による債務（借金）の引継ぎと分担

積み上げられた府・市の借金

大阪市がかかえる債務（借金）を、新大阪府と特別区とでどのように引継ぎ、どのように分担するのかということも、たいへん重要な問題になってきます。

大阪市の地方債残高は五兆円弱（全会計ベース・二〇一一年度末見込み額）、一方、大阪府の地方債残高も六兆円余と、府・市とも巨額の債務をかかえています（**図表7**参照）。しかも、大阪市は

図表7　大阪府債・大阪市債残高の推移（単位：億円）

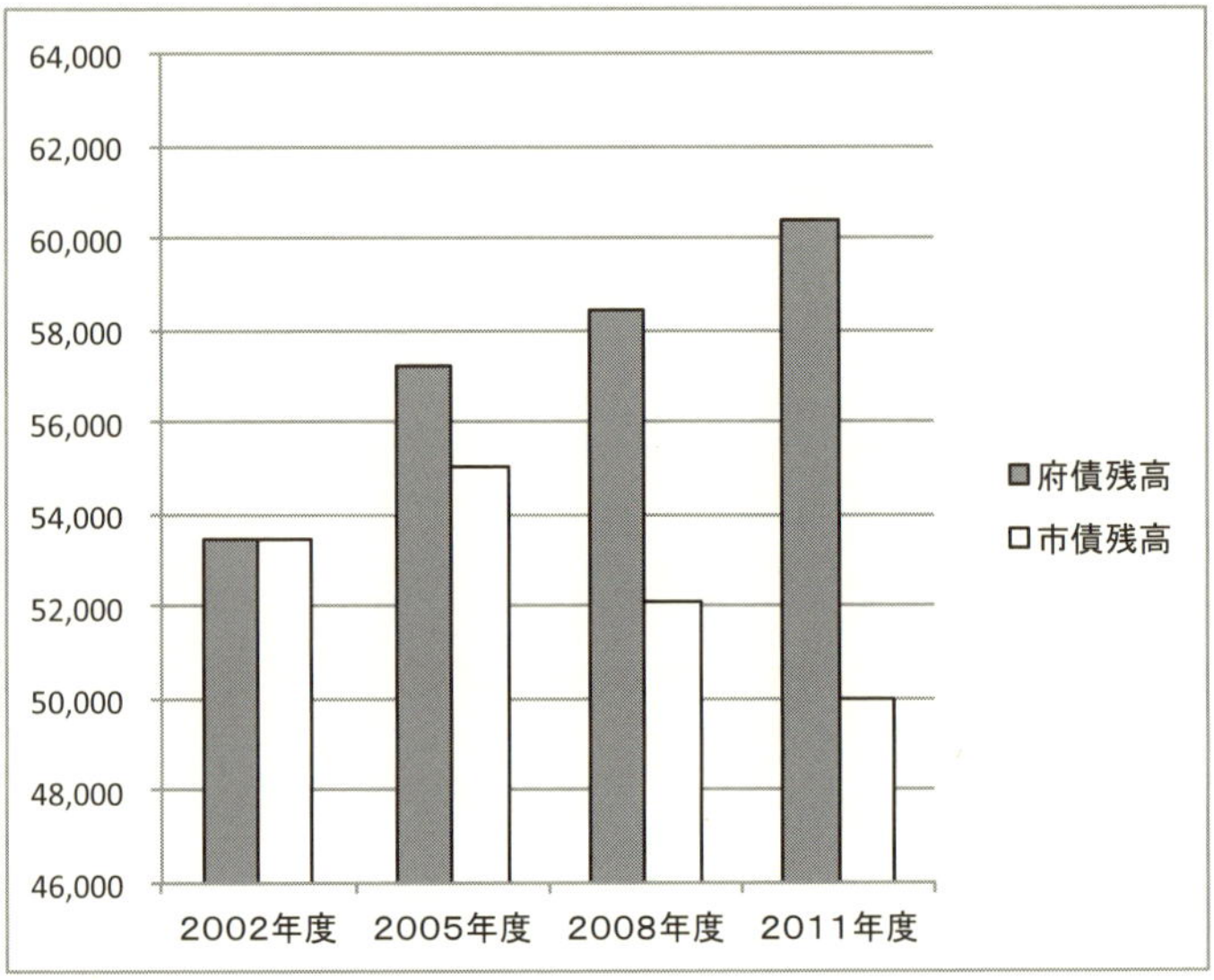

出典：大阪府・大阪市の決算資料をもとに作成

二〇〇五年度をピークに借金を減少させていますが、大阪府は、いわゆる「橋下改革」で借金を減らしてきたはずなのに、実際は増加の一途です。後述しますが、大阪府は現在、じつは財政健全化団体の一歩手前の状態にまで追い込まれているのです。

この図表をみれば、いまでも巨額債務にあえぐ大阪府がはたして市の債務をどこまで引継ぎ・分担できるのかという疑問がでてきます。くわえて、新大阪府の借金が増えるということは、府内の他市町村の住民にも大きく影響がおよぶことを、忘れてはなりません。

大阪府は、二〇一一年度の決算値で、財政規模に占める借金返済の割合（過去三年間の平均）を示す実質公債費比率が一八・四%となり、新たな地方債発行に総務大臣の許可が必要な「起債許可団体」になりました。しかも、府が二〇一二年七月に公表した中長期試算によれば、過去の借金の返還で今後もその比率は上昇し、さらなる歳出削減を進めても、二〇一八年度には実質公債費比率が二五％を超える、早期に財政健全化の対策が必要な団体（早期健全化団体）になることが危ぶまれる状況です。「早期健全化団体」になれば、国の管理下で大阪府の行財政運営は大きく制約されます。さらに、大阪府が大阪市の債務を引継ぎ・分担することになれば、財政破綻を意味する「財政再生団体」に陥ることになるかもしれません。

こうした事態を避けるためには、「府知事、あるいは大阪市長のさしあたりの仕事は、「都」制度への移行ではなくして、この府、政令市がつみあげてきた連結借金をめぐる、大阪府、大阪（政令）市それぞれの債務整理ではないか。これには近道はなく、職員水準をたかめながら、しかもスピードをもって、行政・財政改革の施策をつみあげるよりほかはない」（**巻末資料**74頁）はずです。

大阪市債務の引継ぎ・分担のシミュレーション

大阪市がかかえる債務の引継ぎと分担の問題は、基本的には、大阪市を吸収する大阪府と特別区との役割分担（事務分担）が明確化され、連動して明らかにされていくものです。したがって、大阪府・特別区間の役割分担の議論が具体的に進んでいない現在、この問題についてこれ以上言及することは困難ですが、大阪府自治制度研究会（二〇一〇年四月～二〇一一年一月／座長・新川達郎同志社大学教授）が提示した資料である「大阪市地方債（企業債を含む）を「広域」「基礎」に割り振ったイメージ（二〇〇八年度末現在高）」は、債務の引継ぎと分担の問題について、大まかな

図表8　大阪市地方債（企業債を含む）を「広域」「基礎」に割り振ったイメージ

（2008年度末現在高）

普通会計 2兆8千億円　公営企業 2兆1千億円　全会計 4兆9千億円を、一定の前提条件のもとで分類して、割り振り
⇒ 広域自治体：基礎自治体＝3：7（広域自治体 約1．5兆円　基礎自治体 約3．4兆円）

地方債（企業債）残高の内訳　（単位：億円）

会計	区分	広域	基礎	合計
普通会計	道路	443	2,948	3,391
	河川	139	55	194
	港湾	1,938		1,938
	住宅		2,211	2,211
	学校	79	1,310	1,389
	一般廃棄物		640	640
	公共用地		2,835	2,835
	臨時財政対策債等	44	5,312	5,356
	交通出資等	2,666	1,339	4,005
	その他	49	6,137	6,186
	計	5,358	22,787	28,145
公営企業	水道		2,516	2,516
	交通	7,142	210	7,352
	病院		562	562
	港湾	1,876		1,876
	下水		5,686	5,686
	宅地造成（その他）		2,185	2,185
	その他	811	235	1,046
	計	9,829	11,394	21,223
合計		15,187	34,181	49,368

出典：大阪府自治制度研究会最終とりまとめ（2011.1.27）

イメージをつかむのに参考になります（**図表8**参照）。もちろん、あくまでも粗いイメージ、仮のシミュレーションですので、留意が必要です。

この「『広域』『基礎』に割り振ったイメージ」によれば、普通会計二兆八〇〇〇億円、公営企業二兆一〇〇〇億円の合計四兆九〇〇〇億円の大阪市地方債（二〇〇八年度末）残高を、広域自治体が一兆五〇〇〇億円、基礎自治体が三兆四〇〇〇億円引継ぎ・分担する。すなわち、大阪市の債務の約三割を大阪府が、約七割を特別区が引継ぐことになっています。

なお、このイメージでは、大阪市の代表的公営企業である地下鉄や準公営企業の港湾などの資産が府へ引継がれることになります。ご存知のように、これらの公営企業は、大阪市が戦前から市民の税金を投入して建設、維持、発展させてきたものです。とくに地下鉄

は二〇一〇年度、公営地下鉄事業者として全国で初めて過去の欠損金をゼロにした優良企業です。地下鉄事業が赤字続きのバス事業を長年カバーしてきたことも、すでにご承知のとおりです。

長年かけて築き上げてきた大阪市民の財産ともいえる、これらの公営企業や大規模インフラを府（広域）が受け取ることになります。したがって、大阪都構想の本音は、「大阪市吸収による大阪府の失地回復」という見方もあながち的外れではないでしょう。しかし、今後さらに財政ひっ迫が進むなか、大阪市の消滅による債務の引継ぎ・分担は、大阪府にとってたいへん大きなリスクを抱え込むことは間違いありません。

四　特別区の議員定数問題

膨れ上がる特別区議会の議員数

大阪市を消滅させて五区ないし七区の特別区を設置する場合、各特別区議会の議員定数をどうするのかという問題も大きな論点になってきます。

大阪維新の会の「大阪都構想推進大綱」（二〇一一年一一月一日）では「特別自治区議会の定数及び報酬は、現在の市議会の定数、議会コストを下回ること」とし、また橋下市長も「特別区の議会の議員は二〇人も三〇人も要らない、五人で十分だ」などと発言していますが、果たしてそれで十分なのでしょうか。

地方議会は住民を代表して、首長や行政職員が独善におちいらないよう、チェックする地方自治上の根幹の機関です。実質的な審議を行う議会内の各委員会に、政治的立場・地域・男女の性別など多様でかつ有能な議員を集めようとすれば、一定の議員数が必要となります。

議論の不活発さ、議員活動の不透明さなどもあって、議会批判が受け入れられやすい風潮があります。しかし、議員数を減らせば議会が活性化するわけではなく、むしろ議員の多様性（多様な住民意思の議会への反映）が失われ、新人の当選が難しくなるなど、議会のチェック機能は衰退します。

図表9は、東京の二三特別区と大阪市の行政区別の人口・面積・議員数を比較したものです。東京の特別区には二三の区議会があって議員総数は九〇六人、大阪市は一つの市議会で議員数は八六人です。仮に大阪市を消滅させて五〜七の特別区を設置し、しかも各特別区議会に東京二三区並みの議員数を確保しようとすれば、少なく見積もっても二五〇人前後の議員数が必要となるでしょう。

さらに、橋下市長が主張する「中核市並みの十分な権限と財源を有する特別自治区」を実現しようとすれば、議員数も、当然中核市並みに確保する必要があります。ちなみに大阪府内の高槻・豊中・東大阪の三つの中核市の人口と議員数（定数）は以下のとおりとなっています。

・高槻市　人口三五・七万人　議員数三六人
・豊中市　人口三九・一万人　議員数三六人
・東大阪市　人口五〇・七万人　議員数四二人

特別区住民の意思を反映できない大阪府議会

東京の特別区と大阪市の比較では、東京都議会議員数と大阪府議会議員数にも注目が必要です（図表９参照）。

東京の二三区は人口が八九五万人で東京都民全体（一三一六万人）の約七割を占め、当然のこととして二三区から選出される都議会議員数も八九人と全議員（一二七人）の約七割を占めています。一方、大阪市は人口が二六七万人で大阪府民全体（八八七万人）の約三割、大阪市内選出の府議会議員数も二八人と全議員（八八人）の約三割となっています。

東京には二三区の区域を代表する「東京市」という自治体政府はありません。しかし、特別区から選出される議員が都議会議員の七割を占めるという事実は、東京市が存在しない現実をカバーしている面があるのではないでしょうか。

しかし、大阪では市内選出の府議会議員は現在も三割、特別区の設置後も合わせて三割しか選出することができません。大阪市域を代表する「大阪市」という自治体政府が消滅させられ、府に依存することしかできない無力な特別区ができ、そのうえに府議会議員の三割しか選出できないということは、大阪市域の民主主義をより深め、発展させるうえでたいへん大きなデメリットになります。二六七万大阪市民の民意をくみ上げる自治体政府の喪失は、大阪府域全体の民主主義と地域の発展にもマイナスに作用することになるでしょう。

図表9　東京23特別区と大阪市の行政区別の人口・面積・議員数

東京都・特別区				
区	人口	面積	都議数	区議数
東京都	13,159,388	2187.5	127	
23区計	8,945,695	621.8	89	906
千代田区	47,115	11.6	1	25
中央区	122,762	10.2	1	30
港区	205,131	20.3	2	34
新宿区	326,309	18.2	4	38
文京区	206,626	11.3	2	34
台東区	175,928	10.1	2	32
墨田区	247,606	13.8	3	32
江東区	460,819	39.9	4	44
品川区	365,302	22.7	4	40
目黒区	268,330	14.7	3	36
大田区	693,373	59.5	8	50
世田谷区	877,138	58.1	8	50
渋谷区	204,492	15.1	2	34
中野区	314,750	15.6	4	42
杉並区	549,569	34.0	6	48
豊島区	284,678	13.0	3	36
北区	335,544	20.6	4	44
荒川区	203,296	10.2	2	32
板橋区	535,824	32.2	5	46
練馬区	716,124	48.2	6	50
足立区	683,426	53.2	6	45
葛飾区	442,586	34.8	4	40
江戸川区	678,967	49.9	5	44
特別区平均	388,943	27.0		

＊人口は平成22年国勢調査、面積は平成22年全国都道府県市町村別面積調による。
＊議員数は各都道府県及び各指定都市議員定数条例による。なお、既に定数条例を改正し未施行（次回選挙から適用）の場合は当該未施行の条例定数による。
＊指定都市の行政区の平均人口は155,156人、平均面積は68.5㎢である。

（単位：人、㎢）

大阪府・大阪市				
区	人口	面積	府議数	市議数
大阪府	8,865,245	1898.5	88	
大阪市	2,665,314	222.5	28	86
北区	110,392	10.3	1	3
都島区	102,632	6.1	1	3
福島区	67,290	4.7	1	2
此花区	65,569	16.4	1	2
中央区	78,687	8.9	1	2
西区	83,058	5.2	1	2
港区	84,947	7.9	1	3
大正区	69,510	9.4	1	3
天王寺区	69,775	4.8	1	2
浪速区	61,745	4.4	1	2
西淀川区	97,504	14.2	1	3
淀川区	172,078	12.6	2	5
東淀川区	176,585	13.3	2	6
東成区	80,231	4.6	1	3
生野区	134,009	8.4	1	5
旭区	92,455	6.3	1	3
城東区	165,832	8.4	2	5
鶴見区	111,182	8.2	1	3
阿倍野区	106,350	6.0	1	4
住之江区	127,210	20.8	1	4
住吉区	155,572	9.3	1	5
東住吉区	130,724	9.8	1	5
平野区	200,005	15.3	2	6
西成区	121,972	7.4	1	5
区平均	111,055	9.3		

出典：第30次地方制度調査会資料（2012.9.26）

コラム２

福祉の連携が分断される

指定都市は一般市としての事務と、本来は道府県に属する事務の一部をになっているが、道府県は指定都市域でそれらの事務を担当する機関をもっているわけではないので、二重行政とは言えない。指定都市は、道府県に属する権限も用いることによって、大都市に固有の複雑で深刻な福祉課題への対応を図っている。それはどの指定都市も同じである。

生活保護を例にとろう。大阪市は日雇労働者やホームレス問題など深刻な福祉課題を抱える。大阪市では、生活保護実務は基本的には各区役所に設置された保健福祉センター（福祉事務所）で対応するが、日雇労働者に特化した相談は、あいりん地域に福祉局直轄の更生相談所を設置して対応している。また、ホームレスの人が路上で倒れ、医療保護が必要となったケースに一元的に対応するため、緊急入院保護業務センター（更生相談所分室）を設置し、処遇の一貫性を保ちつつ医療保護の適正化に努めている。こうした生活保護現場を区・局にわたり一元的に統括する福祉局保護課は、全市的な観点から隣接領域であるホームレス支援課や福祉事務所との政策調整などもになう一方で、厚生労働省との連絡調整も日常的に行うなど、一般の市役所の保護課とも都道府県の保護課とも異なる総合調整機能を果たしている。保護件数の多い西成区を「区割り」でどう扱うかというような問題で片づかない話である。

こうした事例は福祉行政の各分野にみられる。これらをマンパワーの面から支えているのが、区役所における福祉現場と福祉局やこども青少年局の緊密な連携と人事交流（異動）である。この連携と人事交流が大阪市の福祉行政の根幹となる「血肉」をつくってきた。そこにメスを入れれば、社会の底辺で生きる人たちの血が流れる。それでも大阪市を消滅・分割するべきなのだろうか。その効果は本当に確証されているのか。出血への備えはどこまでなされているのか。「大阪都構想」にはその切迫感が感じられない。

コラム３

大阪市営交通の「民営化」　～市民の足は大丈夫？

地下鉄は「民営化」、市バス事業も「民営化」。市の公式発表や報道を見ると、公共交通機関の運営に関しても、目覚ましい改革が進んでいるように見える。しかし、具体的にどのような議論がされているかは、市民に十分に知らされていない。

地下鉄・市バスを運行する大阪市交通局は現在、公営企業だが、橋下市長は交通局の事業をバラバラにし、地下鉄は大阪市出資の株式会社にし、市バスは路線数を大幅に減らした上で民間のバス事業者に経営を任せてしまおうとしている。この方針を実行に移すために、市長は民間鉄道会社出身の交通局長を任命した。

市営地下鉄は近年黒字経営を続け、平松前市長の時代に累積欠損金を一掃し、黒字の市民への還元、子育て支援として、通学定期券の値下げを行ったところだ。橋下市長はこれを株式会社に変えようとしているが、大阪市が100％株式を保有する市の「外郭団体」に変えることは、はたして「民営化」と言えるのだろうか。

一方、市バス事業は事実上の邪魔者扱いだ。地下鉄「民営化」よりも早く、2013年度が市バス最後の事業年度となる。年度末で、現在の132系統の市バス路線網は59系統に整理して民間に委譲される。残る路線の存続には大阪市が運営費を補助するとしているが、同時に補助額は「市政改革プラン」によって現在の３分の１に減額される予定だ。大阪市の「バス事業民営化基本方針（案）」では、補助を前提に民間事業者に運行をまかせる路線は30系統の見通しである。

「民営化後も敬老乗車証は継続する」と言われても、バス路線は減る。高齢者の足の問題だけでなく、マイカー通勤や駅までの自転車通勤も増え、道路の渋滞や放置自転車の問題はより深刻になる懸念も生じる。大阪市内の交通全体のあり方について検討がないまま、市営交通事業の「民営化」だけが先行して進められようとしている。

第3章　大阪市の消滅による府内市町村・住民への影響を考える

府内市町村の存在感が薄れる？

大阪市を消滅させて、新大阪府（新たな広域自治体）と特別区（基礎的自治体）に再編することによる問題点の一つは、新大阪府が二つの機能をもった自治体になることです。これまでどおりの府県機能をもった広域自治体にプラスして、基礎自治体の機能をくわえた巨大な自治体が誕生します。この事態は、東京都がかかえている問題点と重なってきます。東京都は、東京二三区（旧東京市）に対しては「市」の機能をもち、三多摩地域では「県」という、二重の性格をもつ自治体です。

大阪市消滅の問題は、大阪市と大阪府だけの問題に止まるとみられがちですが、果たしてそれだけですむのでしょうか。かつて東京では「東京都に都政なし」と言われた時代がありました。東京都の関心が、旧東京市である二三区にだけ向けられ、三多摩地域は「その他」扱いされていたことへの批判の言葉でした。いわゆる「三多摩格差」です。第二章でのべましたように、東京都は富裕自治体のため、こんにちでは三多摩地域の市町村も、「総合交付金」という使途が限定されない補助金の恩恵を受けているため、そのような言葉はあまり使われなくなりました。しかし、財政基盤の弱い大阪ではそうはいきませんから、大阪市の消滅による新大阪府の政治・行政がかつての東京都の二の舞にならないか、しっかり監視する必要がありそうです。

大阪府域には、大阪市・堺市の二つの指定都市を含む三三市九町一村の基礎自治体があります。大阪府の本来の仕事は、広域自治体として、三三市九町一村の基礎自治体に対して補完的役割を果たすことにあります。しかし、橋下氏が大阪府知事に就任した二〇〇八年二月以来、その役割への関心が極めて薄くなってきたのではないでしょうか。さらにそのような事態が進行しないか、危惧せざるをえません。

今後、大阪市の消滅・分割の動きが本格化したとき、広域自治体である新大阪府と府内市町村の間に、どのような問題が生じてくるのか、検討することにします。まず、東京都との比較からはじめます。

一　東京都と大阪府の基礎的比較

図表10を見ながら、東京二三区と三多摩地域／大阪市と府内市町村の人口等の基礎データを比較します。

図表 10　東京と大阪の基礎的データの比較

区・市町村数

東京−23 区　三多摩地域　26 市　3 町　1 村（島嶼を除く）

大阪−2 指定都市（大阪市 24 区・堺市 7 区）府内市町村　31　市　9 町　1 村

人口（2012.10.1 住民基本台帳）

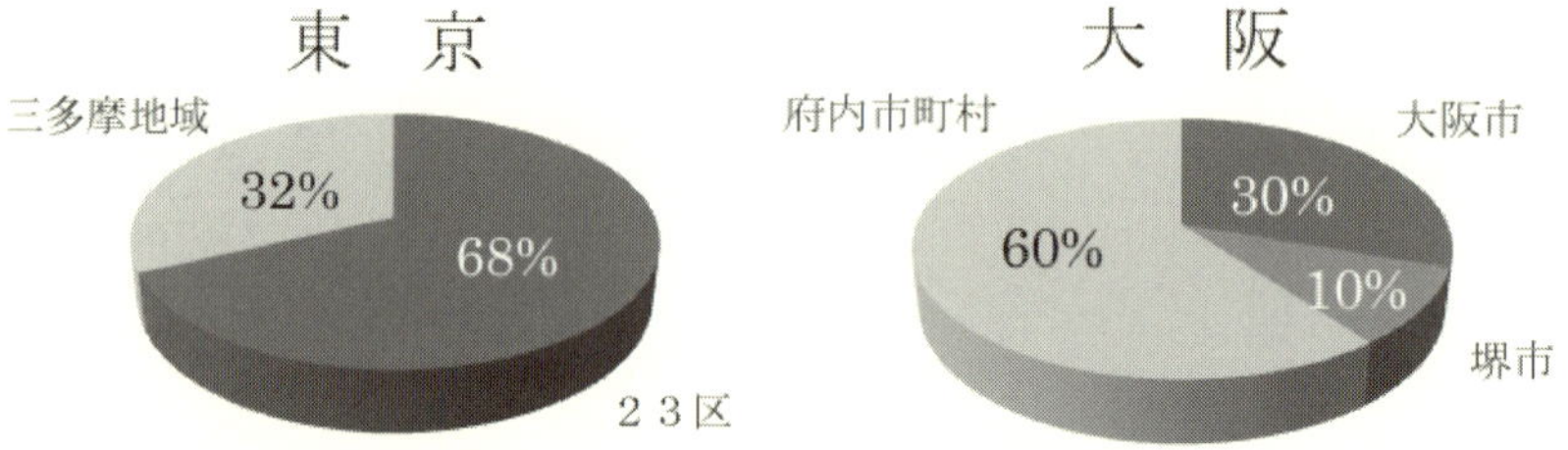

東京−２３区　8,996,073 人　三多摩地域　4,220,148 人

大阪−大阪市　2,677,375 人　堺市　842,426 人　府内市町村　5,344,555 人

　　＊東京−２３区　対　三多摩地域は、2 対 1

　　＊大阪−大阪市　対　府内市町村は、1 対 2

面積

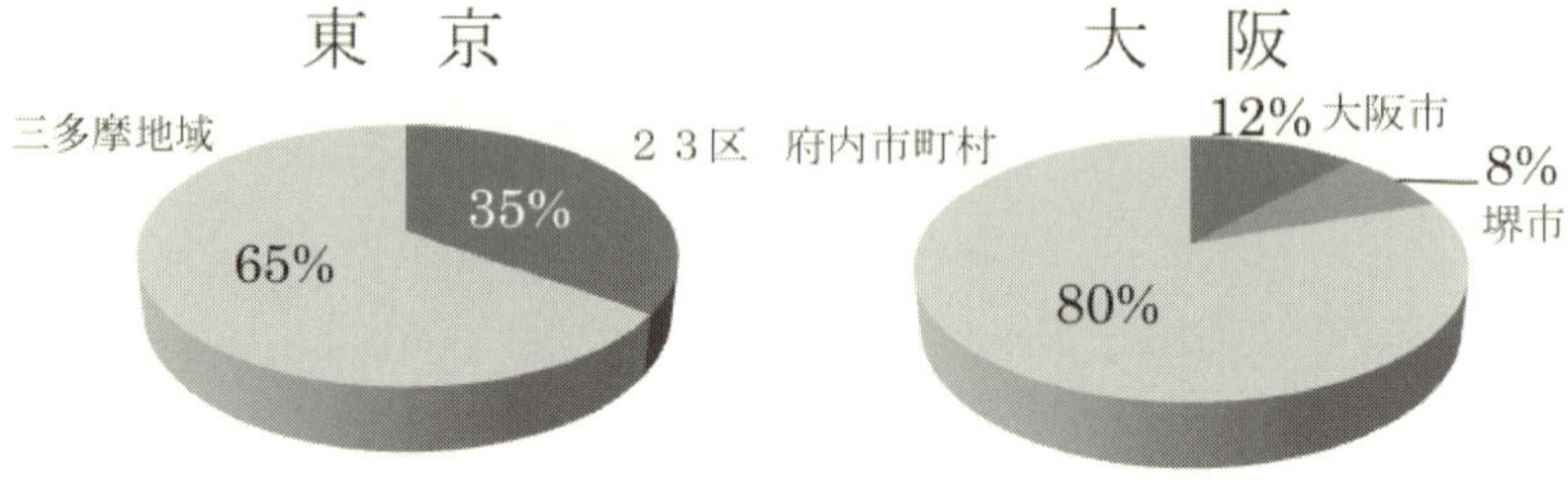

東京−２３区　621.98 ㎢　三多摩地域　1,159.89 ㎢

大阪−大阪市　221.30 ㎢　堺市　149.99 ㎢　府内市町村　1,527.99 ㎢

　　＊東京−23 区　対　三多摩地域は、1 対 2

　　＊大阪−大阪市　対　府内市町村は、1 対 7

地勢

東京−２３区の西側に三多摩地域が接して、西へ長く伸びるように位置しています。

大阪−大阪市を北・東・南に取り巻くように府内市町村が位置しています。

昼間人口（2010 年「国勢調査」）

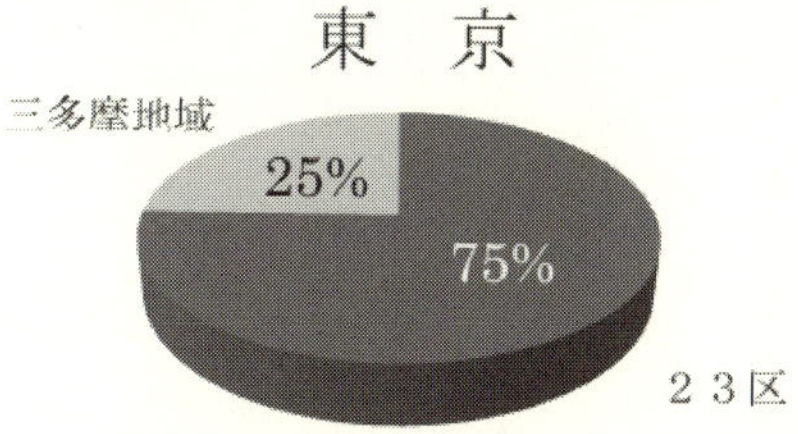

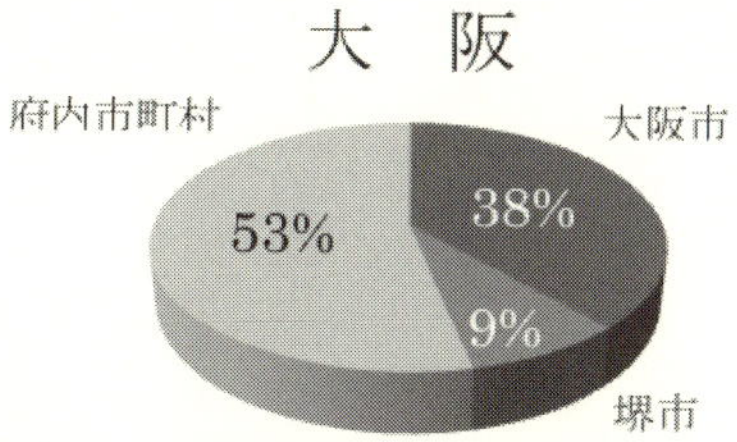

東京−２３区　11,711,537 人　三多摩地域　3,836,593 人
大阪−大阪市　3,538,576 人　堺市　794,507 人　府内市町村　4,947,477 人
＊東京　−２３区　対　三多摩地域は、３対１
＊大阪　−大阪市　対　府内市町村は、２対３

事業所数（2006 年「事業所・企業統計調査」）

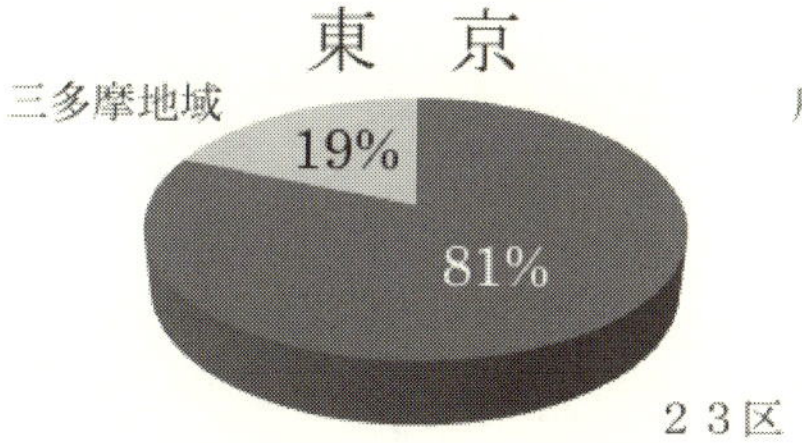

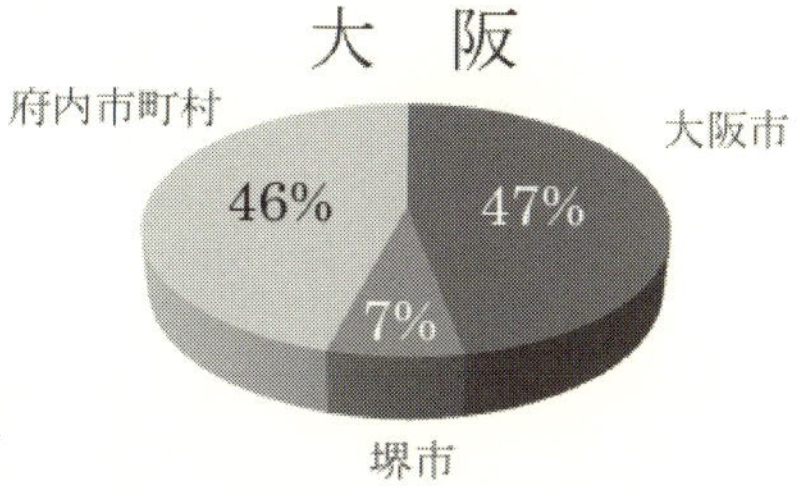

東京−２３区　557,107　三多摩地域　130,842
大阪−大阪市　201,462　堺市　29,978　府内市町村　196,807
＊東京　−２３区　対　三多摩地域は、４対１
＊大阪　−大阪市　対　府内市町村は、堺市を除いても、１対１

年間製造品出荷額（2010 年「工業統計調査」　百万円）

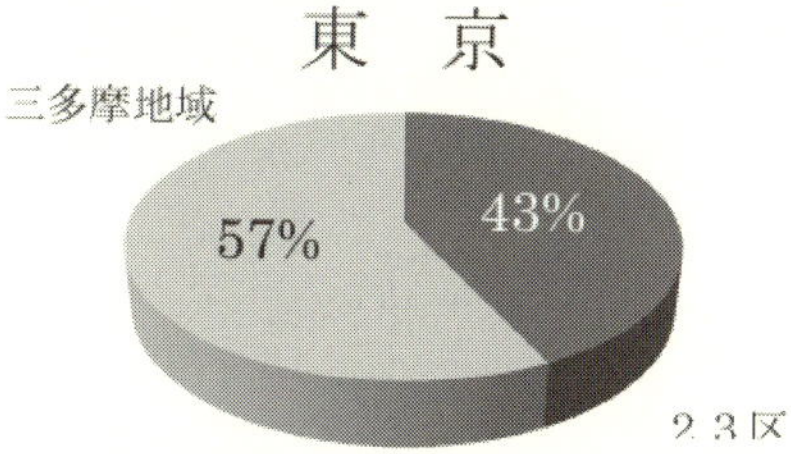

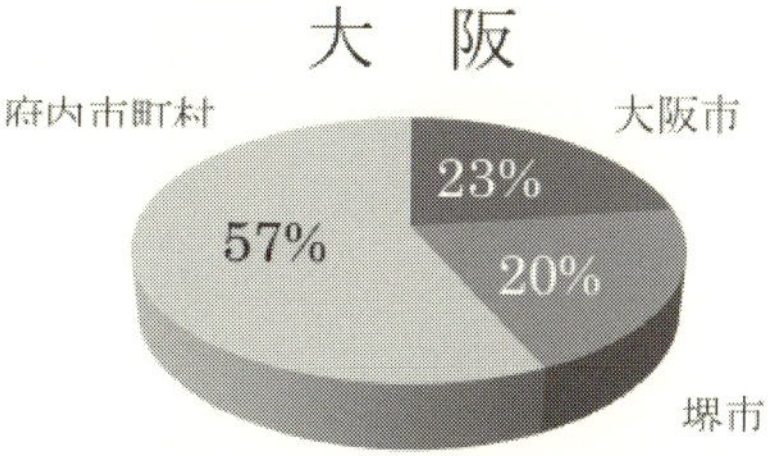

東京−２３区　3,522,736　三多摩地域　4,719,440
大阪−大阪市　3,566,885　　堺市　3,225,587　　府内市町村　8,920,637
＊東京　−２３区　対　三多摩地域は、２対３
＊大阪　−大阪市　対　府内市町村は、１対３

人口を見ますと、東京では二三区は三多摩地域の二倍ですが、大阪では逆に、府内市町村が大阪市の二倍です。大阪の場合、東京以上に府内市町村の比重が高く、大阪府の本来業務が広域自治体としての役割をしっかり果たすことにあるのは、このデータからも明らかです。

面積・地勢について考えますと、府立の施設が大阪市内にもあるというのは、地理的な要因、つまり大阪府域の真ん中に位置し交通網の集まる大阪市内に施設を置くことで、府内市町村住民の利便性を考慮しているものと考えられます。

事業所数を見ますと、府内市町村の人口等の比重が大きいことから、東京ほど集中しておらず、府内市町村と大阪市はほぼ同じ水準にあります。

また、**年間製造品出荷額**を見ますと、大阪では、堺市を含む府内市町村は大阪市の三倍を超す出荷額を示しています。

このように、人口・地理・経済の基礎的データを比べてみると、いずれにおいても大阪では東京とかなり様相を異にしています。大阪では東京の二三区のような集中はなく、特に、府内市町村の経済的比重が非常に高いことがわかります。

二　大阪府・大阪市・府内市町村の相互関係

二重行政問題

大阪都構想の動機は、府と指定都市の二重行政を「ムダ」とみることからはじまりました。しかし、二重行政を府県（広域自治体）と指定都市（基礎自治体）の事務分担の重複とみますと、橋下市長の二重行政批判は、その一部を極大化したにすぎないことは、第一章（９頁）で指摘したとおりです。

大阪市と府内市町村との地理的関係を考慮すれば、交通の利便性のよい、府域の中心部に位置する大阪市域に府の公共施設を立地していることが即、「二重行政の弊害」とはいえないでしょう。大阪府が地理的条件に配慮して立地させたと考えられるからです。もし仮に、その施設が二重であり無駄であると判断するなら、重要なことは、府域全体を見渡して、府立の施設が適正配置されているか否か、まずその検討からはじめるべきです。

大阪府独自の役割とは

都道府県は「市町村を包括する広域の地方公共団体」で、広域・連絡調整・補完の三つの役割を担うとされています（地方自治法第二条第五項）。

では、大阪府は府内市町村に対して適切にこの三つの役割を担ってきたのでしょうか。そう問われれば、首をかしげざるを得ない部分が見受けられます。ごみ処理施設を例にあげれば、大阪府は、広域処理にむけた調整に積極的に関わってきたとは思えない部分が少なからずあります。

広域自治体である大阪府と基礎自治体である府内市町村は、それぞれ独自の機能をもった自治体政府です。これが二〇〇〇年の分権改革の最大の成果ですが、大阪府が果たすべき広域・連絡調整・補完の役割は、そのことを前提にして考える必要があります。総合計画を例にとれば、市町村の総合計画は、市民生活に直接関係のある具体的な地域計画であり、府県の総合計画は、各市町村計画の相互調整をふまえ、課題別の政策を軸に、府県全体の区域計画として編成されるべきでしょう。この府県レベルの独自性および戦略性が明確に自覚されることで、施策・事業に無駄があるか否か、の判断基準も定まってきます。

府内には、二つの指定都市、三つの中核市、六つの特例市と、力量を備えた市町村が多く存在します。広域自治体として大阪府がなすべき役割は、分権時代にふさわしく、こうした市町村の力量をさらに高めることを主眼に、広域・連絡調整・補完の役割を最優先することにあるはずです。

三　新大阪府と府内市町村間の新しい課題

もし大阪市が消滅・分割されれば、大阪には**図表11**のような地方自治制度のデパートが出現することになります。しかも、大阪は在住人口比で、大阪市と府内市町村は一対二、つまり府内市町村の人口が大阪市の二倍あります。新大阪府は、この図にあるような多彩なタイプの府内の市町村（基礎自治体）を相手に、広域・連絡調整・補完の機能をになうことになります。しかし、多彩な自治制度が出現するということは、調整や補完がいちだんと複雑になることを意味します。その影響は、ごみ行政や水道など市民生活にかかわる個別行政サービスにあらわれてきます。府内市町村にとっても、そのことをしっかり理解したうえで、大阪市の消滅・分割の問題を議論する必要性がでてきます。

図表11　大阪に地方自治制度のデパートが出現（予想図）

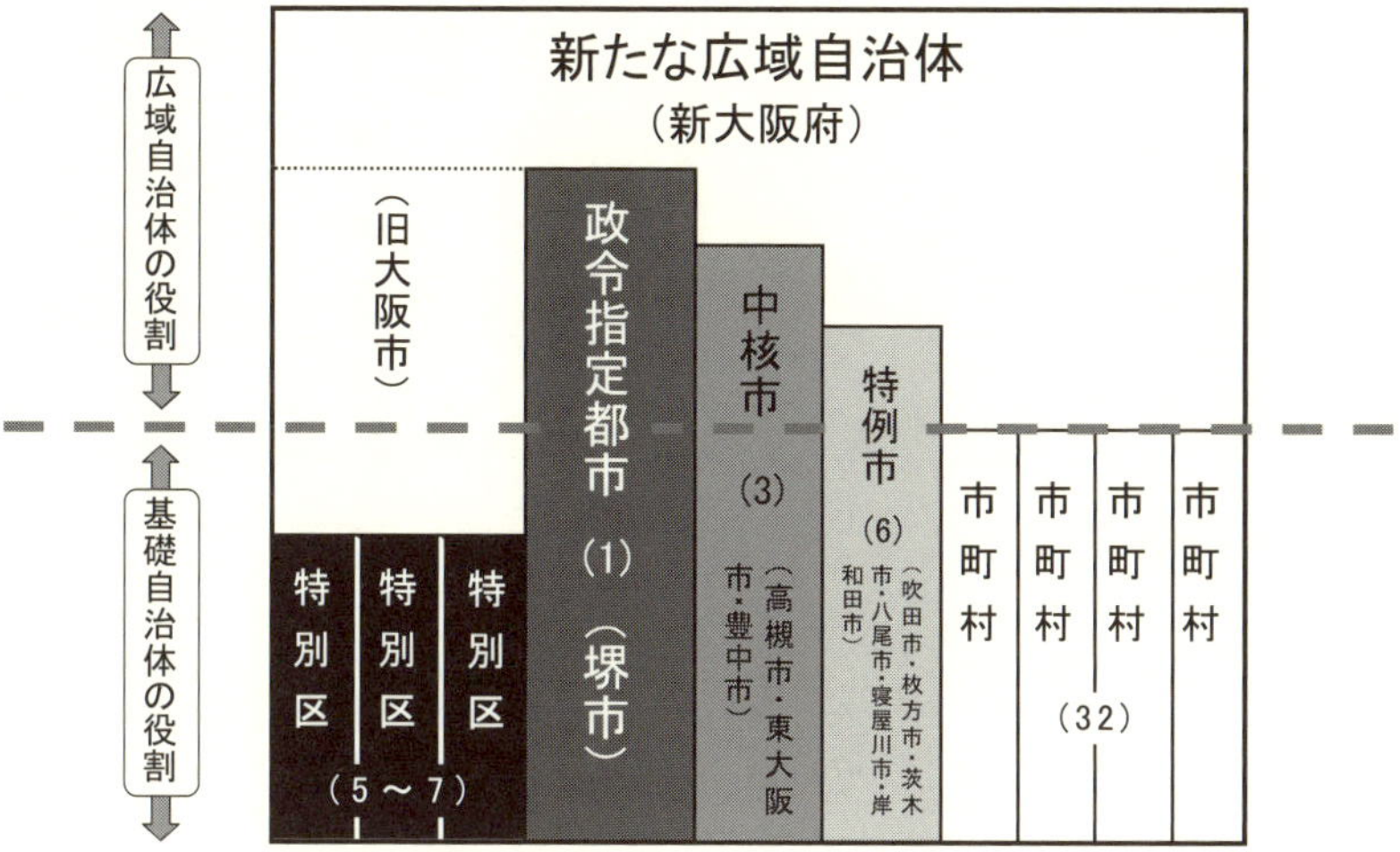

しかし、大阪都構想の戦略本部である府市統合本部では、この予想される事態には関心がむけられず、議論はもっぱら大阪市域に集中しているのが実情です。その流れが今後も続くとなれば、東京の「三多摩格差」と同様の問題が浮上し、新大阪府と府内市町村の間で、さまざまなかたちで紛争の種が生じる恐れがあります。

大阪市内への重点投資の増加を懸念

府市統合本部では、学識経験者等を交えてさまざまな会議が立ち上げられています。大阪の魅力創出にむけた取り組みもされていますが（「都市魅力戦略会議」座長：橋爪紳也・大阪府立大学教授）、議論は、中之島、大阪城周辺、築港・ベイエリア、御堂筋、天王寺・阿倍野地区と大阪市内にかたよっています。このような状況がさらにすすめば、大阪においても、くりかえしますが三多摩格差ならぬ「市町村格差」と批判されることになるのではないでしょうか。「強い広域自治体」にだけ関心がむけられ、「やさしい基礎自治体」の軽視が、府内市町村にまで及ばないか、注視しておかなければなりません。

大阪市の借金にもつきあわされる!?

先に指摘しましたように、大阪市の地方債残高は五兆円弱で、大阪府は六兆円余と、府・市で巨額の債務を抱えています。新大阪府と特別区との事務分担によりますが、「大阪市の消滅による債務（借金）の引継ぎと分担」（第二章35頁）でのべましたように、この問題で、新大阪府は大きなリスクを抱え込むことになります。

図表8（38頁）を見ますと、大阪市の債務の一兆五〇〇〇億円強を新大阪府でもつというシミュレーションがでています。しかし、大阪市の消滅で、大阪市の債務を新大阪府が負担することになれば、府内市町村の住民も実質的に分担させられることになります。

財源をはじめ政策資源の配分は手薄になる一方で、借金の返済だけはしっかりつきあわされるとすれば、いったい誰のための大阪都構想なのでしょうか。この一事からも、大阪市の消滅は、府内市町村と住民の皆さんにとって他人事ではありません。

以上の検討から、大阪市の消滅の問題は、けっして大阪市と大阪府だけの問題にとどまらないことがわかってきます。にもかかわらず、こうした問題についてはマスコミや当事者である府内市町村でも触れられることもなく、大阪市の消滅・分割の議論が進められようとしていますが、これでいいのでしょうか。大阪都構想が府内市町村に与える影響について、もっと関心が寄せられ、議論が深められなければなりません。

コラム４

水道事業の統合協議はいま

大阪市水道局と大阪広域水道企業団（大阪府水道部から用水供給事業を引継ぐかたちで、大阪市以外の府内 42 市町村が設立し運営する一部事務組合）との統合協議はいまどうなっているか。

統合協議では、橋下市長が、大阪市水道局と企業団だけでなく、府内の市町村が所有する浄水場などの資産を企業団に譲渡するかたちでの完全一元化を主張した。しかし、府内市町村の事情はさまざまで、浄水場を新設したばかりの市町村や、自己水（市町村が独自の水源で供給する水道）を止め、企業団からの水購入に切り替えるとコストが高くつく市町村からの異論があって協議は難航した。ちなみに 42 市町村のうち 31 市町村が自己水を住民に供給している。特に災害時の水確保のため、自己水をもっていることは大事である。

橋下市長は 2013 年２月、企業団と市水道局の統合に関する首長会議で事業統合素案の正式承認にこぎつけたが、大阪市の資産が企業団に無償で譲渡されるうえに、統合によるコスト削減効果額の大部分は、これまで大阪市水道事業収益から分担金として市の一般会計に支払われていたものであることから、大阪市の収入が減るだけとの批判が市議会で噴出している。また、技能職員約 600 人も企業団は受け入れず、「大阪水道総合サービス」に移籍させるという。水道料金値上げの懸念も残る。

統合の実現には、大阪市会で３分の２以上の賛成で議決する必要があり、その後、府内 42 市町村議会でも過半数での議決も必要となる。１議会でも否決すれば統合は実現しない。

市民は、良質で、安定し、より安価な水道の供給を望んでいる。「一元化」を急ぐ必要などまったくない。

コラム５

ごみ焼却施設　～解決の道筋がより複雑に

ごみ行政は、法律によって市町村と府県の役割が区分されているので、二重行政は存在しない。かつて市町村のごみ行政の目的は、各家庭から排出されるごみを「はやく、きれいに、ただで」収集し、運び去ることにあった。しかし法律（廃棄物処理法）が全面改正され、市町村の役割は、新たにごみの分別・減量とリサイクル（再利用）がくわわった。

市町村ごみ行政の最大の課題は、①ごみの分別・減量による焼却工場の余剰、②焼却工場の老朽化にともなう建て替え問題である。焼却工場の建て替えは、巨額の費用がかかるため、一市町村の判断というより、たとえば大阪府域全体を視野にいれ、余裕のある焼却工場の活用と、新工場の配置を組み合わせるなど、広域的発想による調整が大事になってくる。その際、府内で最大の施設を有する大阪市の焼却工場を府内市町村が活用・建て替え計画に組み入れることができるか否かは、重要な意味をもつ。大阪市が特別区に分割されれば、特別区間で利害がわかれ、その「調整」がより複雑になってくることが予想される。

現在、大阪市のごみ焼却工場は９か所あるが、立地に偏りがみられ、特別区が単独で焼却工場を所管することは困難である。おそらく東京都にならい特別区間の共同管理（一部事務組合）方式にならざるをえないだろうが、東京都の場合、かつて東京都清掃局が直接所管していた経験があり、その経験が現在の方式にも生きている。しかし大阪の場合、その経験をもたない大阪府に頼れないとすれば、巨額の費用を要する焼却工場の建て替えなど、特別区間で独自に調整していかなければならない。一部事務組合方式は、加盟団体の意思決定に時間がかかり、また分担金のあり方に関し、議論が紛糾しがちになる。この一事からも、大阪市を消滅させ特別区に分割して、ごみ行政が抱える課題がなんら解決するわけではなく、むしろ問題解決の道筋をいっそう複雑にしてしまうことが危惧される。

第４章　大阪市を消滅させなくても大都市改革はできる

——第三〇次地方制度調査会の「中間報告」がまとまる

指定都市制度の抜本的改革を提案

これまでの検討を踏まえれば、大阪市の消滅・分割がいかにリスクの大きい、問題の多い構想であるかがわかってきます。このまま大阪市が消滅させられ、権限・財源を制約された特別区に分割されるのであれば、いまのままの方がまだまし、といえるかもしれません。しかしだからといって、現在の指定都市制度に問題がないわけではありません。むしろ改革すべき多くの課題をかかえています。

先に触れた第三〇次地方制度調査会において、東京都の特別区制度、指定都市制度、東京都以外の区域への特別区制度の適用、「特別市」（仮称）のような新しい大都市制度の創設など、大都市制度のあり方について幅広く検討がなされてきました。

二〇一二年一二月二〇日、その専門小委員会が「大都市制度についての専門小委員会中間報告」を取りまとめ、そのなかで指定都市制度の改革について、かなり踏み込んだ提案をしています。なお中間報告は、二〇一三年八月には「答申」としてまとめられ、総務省はこれをうけて二〇一四年の通常国会に地方自治法改正案を提出する予定になっています。

中間報告は、まず、(1)道府県と指定都市との二重行政を解消するために、都市計画の分野や対人サービス分野などの事務を指定都市に移譲し、とくに給与負担者と人事権者が分かれている県費負担教職員も指定都市に一元化すべきとし、それに伴って税源移譲など税源の配分も含めて財政措置のあり方を検討すべきと指摘しています。また、公式に政策を調整する場として、指定都市と都道府県の間の協議会の設置を提案しています。

さらに、(2)都市内分権を進め、住民自治を強化するための見直しとして、①条例で市の事務の一部を区の事務と定める、②区長に区職員の任命権を与え、区にかかわる予算についての権限も与える、③区長を、副市長並みに市長が議会の同意を得て選任する特別職にする、④条例で区に教育委員会を置くことなども可能にする、さらに、⑤区単位の議会活動を推進するため、市議会内部に、区選出議員を構成員とする常任委員会を設置する、としています。つまり指定都市の行政区に自治機構の性格をより強くもたせ、区を活用した都市内分権の推進と、区を単位とする住民自治の機能を強化しようという改革案です。

この中間報告は、大都市地域特別区法がすでに成立していることから、いわゆる「大阪都構想」への評価は避けていますが、橋下・維新の会が「大阪都構想」を掲げた理由である二重行政の問題と住民から遠い基礎自治体という批判に対して、指定都市への権限移譲の促進と行政区への都市内分権の制度整備によって問題解決が可能であると、大都市制度改革の対案を示した内容になっています。

二〇一四年の通常国会で地方自治法が改正されれば、橋下・維新の会がめざす大阪市消滅による特別区への分割と時を同じくして、横浜市をはじめ名古屋市・京都市・神戸市など他の指定都市において、制度の抜本的改革の取り組みがはじまります。それでも大阪市民は大阪市消滅・分割を支持するのでしょうか。現状維持か「大阪都」かという、あれかこれかの選択から、大阪市民は、大きくその判断基準の問い直しをせまられることになります。

大阪市を消滅・分割させなくても、地方自治法の改正という手法を通じて、指定都市制度の抜本的改革が具体化される可能性が出てきました。私たちは、このことを大都市・大阪市を改革する選択肢が広がったととらえて、さらに熟慮を重ねていくべきです。

コラム6

国民健康保険・介護保険と大阪府の役割

基礎自治体である市町村には、国民健康保険や介護保険の保険者としての役割がある。大阪市は一つの自治体なので、国保に加入する被保険者や介護保険の第1号被保険者の保険料は同一の基準で決定されている。ある特定の区の高齢化率が高く医療費や介護給付が嵩（かさ）んだからといって、その区在住の被保険者に限り保険料が上がることはない。では、大阪市が消滅した場合はどうなるのか。

東京23区の国保料は区にかかわらず同じ基準となっている。これを統一保険料方式という。その経緯は省略するが、これには歴史がある。他方、介護保険料は、特別区間でかなりのばらつきがみられる。

大阪市が分割されても同じ保険料率を残す方法はなくはない。かつての東京都のように大阪府が事業調整をになう方法、特別区が広域連合を設置する方法など。しかし、現在の東京23区のように、特別区長会が自治能力・行政能力を発揮して、広域的な調整を行うならまだしも、大阪府に保険者機能の根幹を委ねてしまうのであれば、最初から「基礎的自治体」たる存在意義を放棄していることになる。また、特別区に分割と同時に広域連合を設置するようでは、わざわざ問題を複雑にするようなもので、何のための大阪市の消滅・分割か、意味がわからなくなる。

近年、高齢化や不安定雇用の増加にともない、保険財政の逼迫とともに保険料の値上げが話題を呼ぶ。しかし、例えば長野県佐久市などは減塩食の普及など健康対策に取り組んだ結果、医療費が減少したという報道があった。市町村の保健政策と保険料は決して無縁ではない。

保険者を府県におく案が議論されているが、なかなか進捗しないのは、現在の保険財政の市町村格差が大きな原因である。確かに保険者の規模が大きいほど保険財政は安定する。だとすれば、広域自治体としての大阪府の役割は、府内市町村の保健政策と調整しつつ、保険財政の安定化にむけた改革に努力するのが、先ではないのか。

おわりに

橋下市長は、「大阪は東京にならび、ＧＤＰ五〇〇兆円、人口一億三〇〇〇万人の経済大国日本を引っ張り、地方の面倒をみる大型エンジンでなければならない」（橋下・堺屋『体制維新・大阪都』）とのべ、そのためにこそ大阪府・市を統合して、新たな統治機構を大都市・大阪につくるべきだと主張してきました。フローの生産や所得の限りない拡大を目標とする大阪都構想ですが、第一章（10頁）で述べた、大阪の経済衰退の原因を象徴するデータは、大阪都構想の実現によって克服できるのでしょうか。

私たちは、これまで経験しない巨大・広域・複合大災害をもたらした東日本大震災の惨事から、そうした発想そのものの限界を思い知らされました。人口が密集し、生活・産業インフラが高度に集積した大都市がいかに災害に弱く、モロイ構造をもつかは、すでに阪神・淡路大震災で経験ずみです。大都市にいったん大災害が起きれば電気、ガス、上下水道、交通・通信手段は寸断され、これら高度に集積した巨大システムに依存した私たちの日常生活は瞬時に崩壊して、無力な状況につきおとされます。

東北地方沿岸部から関東地方まで、五〇〇キロ以上におよんだ大震災は、原発事故による広域放射能汚染も重なり、阪神・淡路大震災と比べて、ケタ違いのスケールで日本を襲いました。もし仮に、人口三〇〇〇万人が住む首都圏の中枢・東京で今回クラスの大震災がおこれば、私たちはどのような事態に見舞われたでしょうか。このたびの大震災でも、首都圏では帰宅困難、物資不足、計画停電、埋め立て地の液状化など、さまざまな問題が起きましたが、被災の深刻さは、阪神・淡路の比でないことは容易に想像できます。

三〇〇〇万人市民の日常生活はもちろん、政治・行政も産業システムも全面崩壊することを十分想定しておく必要があります。高い確率で起こるといわれる南海トラフ巨大地震のことを考えれば、この想定が大阪にとって他人事でないことは明らかです。私たちは、便利さや生産・所得の拡大とひきかえに、都市のモロさ、さらに砂粒のごとく人々を孤立と分断に追い込む、二〇世紀型の大都市のもつ「限界」をしっかり肝に銘じておかなければなりません。

そうだとしますと、問題は、限りなく成長する経済と、そのエンジン役をになう巨大都市という構図をたずさえ、「沈む先進国の縮図」といわれる大阪の課題解決のシナリオを描くことが、どれだけ現実性をもち得るものなのか、冷静に考えておくべきです。私たちは、大阪がかかえる「限界」「弱さ」から視線をそらさず、その危機感をバネに、二一世紀型の新しい都市のあり方を探りつつ、もう一度、大阪という豊かな歴史ある都市に生きる人々の誇りと自信を取り戻す必要があります。こうした観点から大阪都構想のもつ問題点を検討することは、極めて大事です。

＊

ひるがえって、大阪にかぎらず日本の大都市がかかえる緊急課題は、一つに、大災害を想定して、減災の発想による都市改造があります。都市改造といっても鉄とコンクリートで固めた大規模開発優先を意味するのではなく、生活の現場からの緑を軸とした柔らかな都市空間づくりです。そのためには、人々の暮らしの現場により近いところに都市計画の権限を配置しておくべきです。くわえて、これから大都市部を中心に本格化する二つの老い――老朽化した都市インフラの維持更新と、急速にふえる高齢人口（二〇一五年予測で、大阪市は五九万人強、人口比率で二七％）に対応するハード・ソフトの政策の見直しです。いずれも長期の戦略と膨大な経費を要する政策ばかりですが、成熟期にはいった大都市にとって欠かすことのできない生活条件（ストック）の再構築です。このストックの整備には、地味ですが、実務的な裏づけと手順をふまえ、着実に取り組む必要があります。大都市のもつこれらの緊急課題に、大阪都構想はどのような具体的プログラムをもって回答を引き出そうとしているのでしょうか。

地方自治の制度やしくみは、人々の日々の暮らしにストレートにつながっており、人々の働き方、暮らしを支える基盤そのものです。大阪市を消滅・分割し、その基盤を大きく変更するために、どれだけの時間とエネルギーと経費がかかるものか、予想すらできません。前に述べた、今日の大都市がかかえる緊急の課題を考えれば、時間的にもけっして余裕はないはずです。その意味で、第四章にしめした第三〇次地方制度調査会専門小委員会の「中間報告」は大いに考慮すべき提案だといえます。

＊

本書は、自治制度としての大阪市の消滅・分割に問題をしぼり、まとめたものです。二〇一一年一一月の大阪ダブル選挙から約一年三カ月がすぎますが、この間、「制度・機構」だけでなく、多くの政策分野で、さまざまな転換の動きがはじまっています。その一つひとつは、市民の日常生活に直接影響を与える政策・事業ばかりです。本書では、そうした動きを扱うことはしていませんが、ポイントとなるテーマに関しては、十分ではありませんが、「コラム」のかたちで掲載しておきました。

もちろん、これら地域福祉・介護・医療はじめ教育、交通、水道、ごみ行政等々は、それぞれ固有の課題をもち、コラムの字数で論じ切れるものではありません。しかし、本書は、その分野ごとの問題点を明らかにする際の基本的「視点」を提供しているはずです。

二〇一三年二月に、正式に「特別区設置協議会」が発足しました。コラムで扱ったテーマに関しても、十分議論が尽くされることを望みたいと思います。そのためには、府・市の財政の現状をふくめ、市民にわかりやすい、徹底した情報公開・提供が不可欠です。大阪都構想が、大阪の自治の破壊にならないためにも、そのことは大前提であり、今後とも注意深く、観察していかなければなりません。

大阪都構想は、大阪市の消滅と大阪府への統合にとどまらず、府内の市町村に対する集権的統制を強めるものであり、市民・基礎自治体を起点に、ゆとりと豊かさを実感できる社会づくりをめざした分権改革に逆行するものであることは明らかです。「大阪の自治を考える研究会」は、そうした大阪都構想についての情報・意見交流を目的にして二〇一〇年に立ち上げ、これまで大阪都構想の問題点を明らかにした論点集の発行などに取り組んできました。なお、研究会は個人参加で、メンバーは市民や自治体職員、地方自治の研究者などで構成しています。

大阪の自治を考える研究会　代表　大矢野　修（龍谷大学政策学部教授）

【巻末資料】

都区制度問題の考え方

地方自治ジャーナルブックレット No58
『東京都区制度の歴史と課題』「あとがき」より

本書『東京都区制度の歴史と課題』は、二〇〇〇年、東京都建設局に勤務のかたわら、栗原利美さんが渾身の力でまとめられたものである。残念ながら、二〇一一年九月二九日、家族にささえられながら、五八才という若さで亡くなられたが、《自治》を基点においた栗原さんの東京都区制度改革の基本発想は今日もいきている。

栗原さんは、東京都区制度の過去、現在をまとめながら、その未来のあり方を模索し、関係者、友人からたかい評価をうけていた。その考え方の大筋は、二三区を基礎自治体、二三区の区長を全国市長会会員とした《二〇〇〇年分権改革》の考え方と同型であった。

大阪「都」という言葉は、すでに二〇〇三年、大阪府の「地方自治研究会」による『中間報告』につかわれていたのだが、二〇一〇年代にはいってニギヤカな話題になってきた。もちろん、大阪「都」問題は、いまだ中味のない思イツキの段階のため、誰も実質の論評はできない。

橋下大阪市長たちによる大阪府、大阪（政令）市・堺（政令）市をめぐる、この大阪「都」構想は今日のところ、戦時につくられた東京都区制をめぐる戦後の〈分権改革〉の歩みとは、全く逆の方向となっている。大阪「都」の提起者たちは、東京をふくめ日本の市民活動が戦後つくりだした、《基礎自治体》を起点とする政策・制度改革の歴史を無視して、逆行している。のみならず、堺（政令）市は大阪「都」への参加について、二〇一二年三月現在、「否定」的だという。

今回の大阪における都区制度をめぐる議論をみる

とき、私たちは《歴史》から学ぶとともに、大阪「固有」の府・政令市間の関係特性をふまえなければならないと考える。大阪人のカラサワギにおわらないためにも、関西のマスコミ当事者たちの勉強もあらためてのぞみたい。また、大阪の「都」構想は、東京の今日の「都区」制度と全く異なっていくかもしれない。いずれにせよ、日本のマスコミは問題がどこにあるかをつかまなければ、みずからも〈デマゴーグ〉になっていく。

今回、この栗原さんの労作の刊行に私たち友人がふみきったのは、二〇一〇年代にはいって、今日のところは東京都区制度をモデルとするようにみえる大阪「都」問題が、にわかに争点になってきたためである。しかも、この東京都区制度の問題性・歴史・課題については、ほとんど知られていないという現実もある。東京都区制度は、戦時中、首都防衛のために急造されたためもあって、戦後も半世紀余、二〇〇〇年代にはいっても、制度としての「安定」をもっていない。いわば、戦時からのヤッツケ都区制度にとどまっている。

戦後における東京都区制度の歴史は、この都区制度を否定して、二三区をいかに基礎自治体としての、全国の「市ナミ」、さらに〈完全市〉にするかという、市民運動の連続でもあったのである。ようやく、〈二〇〇〇年分権改革〉で、区長たちは、全国市長会の会員になれたにすぎない。このことを、まず、強調しておきたい。東京都区制度に〈幻想〉をもってはならない。

大阪「都」もムリに出発するとき、しかも大阪都がもし東京モデルにとどまるとき、発足の日から、その特別区では「基礎自治体」つまり完全市への移行運動が、必ずおきる。今日の東京でも、都域の消防、水道、地下鉄など、基礎自治体や市民から都への付託をふくむにもかかわらず、都はあくまでナミの「広域自治体」＝県にし、区は他の市と同型であるナミの「基礎自治体」＝市であることが、後述のように基本要請となり、かつ不可欠だからである。だが二〇一二年現在も、現実の東京都区制度は無理のある「異形」にすぎない。

たしかに《二〇〇〇年分権改革》で、東京都の特別区は『地方自治法』二八一条2②で、法形式では「基礎的な地方公共団体」つまり「基礎自治体」になったにもかかわらず、東京の市民たちは特別区はなお市ナミにとどまり、「完全市」をめざす過渡形態にすぎないと考えている。このため、なぜ、「県」ナミの大阪（政令）市が都区制度に移行して、みずから「市」以下の特別区に解体・縮少するのかと、東京の市民たちは不思議にみている。そこには、大阪の人々の東京都区制度への「無知」があるのだろうと、東京の人々は考えている。

私は、長年、東京都議会で、生活クラブを母体とする「生活者ネット」の事務局を担当していたためもあって、東京都区制度の論点を以下に整理し、ひろく日本の自治体のあり方について、将来への問題提起としたい、と考えている。

*

事実、東京都区制度は潜在的には爆弾をかかえている。《二〇〇〇年分権改革》で特別区が「法形式」としては基礎自治体としての市ナミになったものの、しかもかねてから区長・区議会議員の公選があるものの、実質をみるとき、二三区は自治体というよりも、実態はいまだ「市ナミ」という都の《内部団体》にすぎないからである。都は《都区一体性の原則》をかかげる県と、二三区という「内部団体」つまり特別区の合体物という、「妖怪」なのだと確認しておこう。二〇〇〇年分権改革以前は、東京都知事は同時に二三区全体の〈市長〉でもあったが、このかつての東京市の残映は今日もつづく。つぎにその論点を個別にあげておこう。

［1］東京都では、税収のたかい都心三区ないし四区では、今後ワシントンDCのような〈国直轄区〉となると想定されるとともに、他の区では全国の市町村と同じく、権限では完全「基礎自治体」の〈市〉に昇格し、財源でも総務省の地方交付税の対象自治体となると予測する必要があるほど、都心区と周辺区との税収格差はおおきい。

そのうえ、東京都による二三区の特定財源の吸いあげからくるのだが、〈都区財政調整〉という、今日の都による二三区への財源再配分は、制度基準によるのではなく、歴史経過のなかで政治妥協からくるマアマアという「慣行」によっているにすぎない。それゆえ、この都区財政調整制度を論理的に整序しようとすれば、「東京都」は崩壊してしまうのである。

しかも、世田谷区などは隣接する他の特別区や多摩地区の市と合併すれば一〇〇万人以上となり、県ナミの政令市として、いつでも都制から実質の独立ができる可能性をもつ。あるいはいくつかの特別区が合併するだけで、いつでも県ナミの政令市になりうる可能性をもつのである。このため、たえず《都区一体性》という神話を都は強調する。くわえて、『地方自治法』第三編第二章「特別区」によって、その分離・独立をおさえこんでいる。これが問題なのである。

また、都心三〜四区は税収や通勤人口がケタチガイに多いにもかかわらず、最近は高層マンションで定住人口がふえつつあるものの、その定住人口は少ないという、自治体としてむずかしい構造をもつことも、あらためて注目しておこう。ここから、誰もが納得いく都と各区それぞれとの間における権限・財源の〈配分基準〉はいまだに見出せない。大阪「都」は、その①特別区の区割の方法、また②各特別区への権限・財源の配分基準を見出せるというのだろうか。

［2］ 東京の都と二三区との政治協議・決定の公式の場は多摩の各市などをふくむ「東京都議会」であるが、二三区については〈第二都庁〉といわれる飯田橋の（1）「都区協議会」という、密室まがいの「別室」があり、「事前協議」がおこなわれている。さらに（2）特別区人事委員会が二三区新職員の一括採用をめざしてつくられている。これらはいずれも、都から特別区が市として独立するのを、都庁が阻止するためである。

この（1）（2）いずれも旧東京市の伝統をひきついでいる。（1）の都区協議会は、都主導のもとに、都区間の争点調整のほか、［1］でみたように前述の都区財政調整をあつかう。（2）は新職員受験者は希望区をだしうるものの、二三区の区役所新職員採用の一括筆記試験をおこなっている。区が市という完全自治体ならば、各区それぞれ独自試験をすればよいのだから、この一括筆記試験も、区はいまだに《都区一体性》神話のもとでの、都の「内部団体」にとどまる証明となる。

この（1）（2）からみても、二〇〇〇年分権改革で『地方自治法』上の「基礎的な地方公共団体」として「市」になったといわれる特別区は、今日も都庁の《内部団体》、つまり旧東京市の〈出張所〉という前歴からくる、都の植民地、つまり「市ナミ」にとどまっていることが理解されよう。区長公選、議員公選があっても、二三特別区の実権を都がもつという、戦時にできた都の基本骨格を変えることは、今日もできていない。

逆にいえば、財源・人事の基本において、二三区は都にたいして、今日も基礎自治体＝市としての自立ができていないのである。もちろん、そのほか、二三区はとくに財源の税源、権限の都市計画などなどでも、市以下の都の《内部団体》、つまり実態は旧東京市の〈出張所〉にちかい。それゆえ、個別行政をめぐって、たえざる都区間調整用の各種・多様な「連絡・協議組織」も都主導でつくられている。

「二〇〇〇年分権改革」で、法制上、区は「基礎自治体」となったといわれるにもかかわらず、以上にみた戦時中の都区制度出発以来、《都区一体性の原則》という言葉で美化されて、特別区は「市」ではなく、「市ナミ」にすぎないという、今日もつづいている都区間の行政現実をはっきり認識しておきたい。今日、県ナミの「政令市」である大阪市、また堺市がくわわるときは堺市もふくめて、みずから解体して、大阪府つまり「都」の、実質は直轄植民地＝「内部団体」である、「特別区」に分割・縮少されていくのであろうか。

［3］ 現在、「都」移行がまとまる以前に、借金の多い大阪府、大阪市は、人件費の現実、ムダヅカイの実態などをみずから他の県や政令市と比較しながら公開・改革し、早急に自己革新をおこないうるか否かが、きびしく問われていることに留意しよう。

というのは、大阪府・大阪（政令）市を合体して都に再編する理由について、府・政令市の二重行政があげられているからである。だが、日本の全県における県庁所在市では、施策・施設における県・市の二重行政が、当然必要もあって、あるいはムダをふくめて、おこなわれている。そこに、問題があるとすれば、むしろ、この二重行政を制度化している全国画一、省庁縦割、時代オクレの、日本の国法ないし国基準の改定こそを、問題にすべきだろう。二重行政は大阪府・大阪（政令）市間での特殊事例ではない。

それゆえ、もし大阪での二重行政でとくに問題となるほどのムダがおこなわれているならば、この事態は、特別に、大阪における広域自治体（府）と基礎自治体（政令市）のいずれかの行政水準が低いか、あるいはその間の調整無能からきているとみるべきだろう。

この重複行政問題を文化大ホールで東京二三区でみてみると、それこそ、それぞれいくつかの国立、都立、区立の文化大ホールの三重行政となっており、そのほか企業や大学などの大ホールも重なっている。この事態は、二重行政、三重行政のムダというよりも、市民の需要のあることからきているため、都では重複行政というかたちでは問題となっていない。大阪では二重行政のムダがあるとすれば、大阪府、大阪（政令）市ともに、大学や企業などの大ホールまでをくわえて、その使用実態を「精査」し、具体的な統廃計画ついで適正な管理形態をつくればすむのであって、都区制度導入という飛躍した理クツにはならない。

水道関連の二重行政問題などにしても、大阪府、大阪市がいかにその通常行政が低水準で、無能であったかをしめして、市民からの嘲笑をうけているだけのことで、都区制度導入の理由にはならない。大阪府、大阪（政令）市のそれぞれの行政低水準こそを市民たちは問題にして、府・政令市間で調整をすすめればよいだけではないか。事実、その後、市町村による「大阪広域水道企業団」というかたちで、二〇一三年をめどに大阪市をふくめた解決をめざしている。「都制」でなくても解決できるのである。

府大、市大の併立も、研究対象・方法が異なれば、かえって研究の複数化のためその生産性もたかくなる。巨大大学に合併するときは、かえって官僚組織型大学経営に堕していくこともありうるのである。むしろ問題とすべきは、行政が主権者市民を「教育」するというマチガイを制度化し、不必要な職員を大量においている公民館ないし社会教育行政制度の廃止ではないか。公民館は市民管理・市民運営の地域市民センターにしたい。

［4］ 大阪府が「都」になるとき、それ以前に大阪府や大阪（政令）市の返せない規模となっているそれぞれの大借金をどう処理するかが、基本の問題である。大阪を「都」にすれば、大阪府、大阪（政令）市それぞれの大借金の大統合となって、《特大》借金となり、その結果、大阪「都」のほかの市町村は、この「都」の《特大》借金を結果として実質分担させられるという、つまり市町村に配分すべき府の財源が大阪「都」の《特大》借金返済のためなくなるという、きびしい「マイナス」の循環がおき、一挙に批判があふれだすことになる。

とすれば、大阪府＋大阪（政令）市という《特大》借金をつくる合併ではなく、大阪府、大阪（政令）市がそれぞれ個別に、一定の基準でみずからそれぞれの大借金をへらしてのち、必要があればあらためて都区制度問題をとりあげてよいのではないか。

東京でも、島嶼は別として、二三区と多摩の市町村との関係では、かつては「多摩格差」というかたちできびしく問題がでていたが、多摩の市民活動の成果として、今日のところ都の財源配分が多摩への「プラス」の循環となっているため、多摩地区からこの点についての都への批判はでていないとみておこう。くりかえすが、大阪「都」となれば、旧大阪府、旧大阪（政令）市の合算された《特大》借金を、大阪「都」内の他の市町村も、実質かぶることになるのである。

大阪「都」、さらに関西「道州」の問題は、無能な大阪府幹部職員が、「都」や「州」に移行して府の大借金のチャラをめざした陰謀とみる考え方も、すでにひろがっている。まず、「都」制度を提起した大阪府、ついで大阪（政令）市が、それぞれ、みずからの大借金について、不透明な人件費ないしムダな事業費などがあれば、これを公開・整理して「実際」に縮少したのち、あらためて都区制度移行問題を議論してもおそくはない。

政治とは、後進国段階をぬけでた日本では、「進歩」を夢みるロマンないし幻想ではなく、この二〇〇〇年代では、半世紀にわたる自民党長期政権がつくりだした国、自治体の〈巨大借金〉からくる「日本沈没」とならないため、国、自治体ともに、この借金をどう整理するかにある。

それゆえ、借金を大阪府、大阪（政令）市あわせて《特大》規模にする大阪「都」制度移行にムダなエネルギーをつかうよりも、大阪府、大阪（政令）市が、個別にまずそれぞれの大借金ベラシないし行政改革にエネルギーを集中したい。

しかも、借金問題解決には、「都」制度による組織大規模化よりも、一府、一政令市それぞれによる借金ガエシという、現自治体のママでの解決が時間も早いし、責任もはっきりするだけでなく、「都」制度移行というエネルギーのムダな浪費もはぶける。とくに、「都」になるとき、必要となる旧府・旧政令市間の人事の統一ができないという、大合併市や大合併企業にもみられる、一〇年以上かかる非生産的かつムダな年月も不要となるのである。

［5］以上の［4］の論点をめぐっては、大阪府、大阪（政令）市はあらためて、それぞれの各外郭組織全体をふくむ〈連結〉した赤字・黒字双方の公開を当然すすめ、その借金構造を市民、職員とともに、どうしたらよいか、考え直すべきであろう。大阪府、大阪（政令）市、それに大阪府におけるほかの各市町村も、それぞれの赤字・黒字をめぐる連結財務指数を自治体間比較もくわえてあきらかにし、わかりやすく公表して、それぞれの個別自治体における財政改革ないし借金返しの努力・推進こそが、行政体質改革をめぐってそれぞれの自治体で不可欠の急務である。

府知事、あるいは大阪市長のさしあたりの仕事は、「都」制度への移行ではなくして、この府、政令市がつみあげてきた連結借金をめぐる、大阪府、大阪（政令）市それぞれの債務整理ではないか。これには近道はなく、職員水準をたかめながら、しかもスピードをもって、行政・財政改革の施策をつみあげるよりほかはない。

《特大借金》をかかえることになる「都」になれば、大阪経済圏の経済浮揚がありうるとでも考えているのだろうか。自民党長期政権がかたちづくった、世界に冠たる超絶政府借金をかかえこんでいる国の政府も、とくに東日本大震災後は、大阪経済圏をはじめ各経済圏につぎこむ財政余裕はもちろんない。この大阪府、大阪（政令）市をふくめ、各自治体での借金返済には、国際経済の動向からみても、今日の日本では五年ぐらいでメドをたてる必要があり、一〇年ではおそすぎるのである。

以上は、日本における都区制度問題のイロハだが、橋下現大阪市長・前大阪府知事は、大風呂敷をひろげるのではなく、上述したように着実な一歩一歩をつみあげたい。そのとき、また、大阪の市民たちからの多様な改革案をも、整理してとりいれていくべきだろう。でなければ、市民たちは〈観客〉にとどまって、さらなる幻惑ポピュリズムにおちいって、その後市民たちはポピュリズム固有の「幻滅」におちいる。

それゆえ、「都区制度」移行にともなうムダをするよりも、その間着実に、府、市双方の職員水準の上昇をめざして、行政改革・借金減少の成果をつみかさねて、市民たちからの信頼をつみあげるべきだろう。

また、日本の自治体の「首長」は、現在の首長・議会の均衡をめざす二元代表制度であるかぎり、法制上〈対等〉である自治体の「議会」のなかに、首長は私党をつくってはいけない。これが自治体におけるる、首長・議会の「二元代表制」におけるルールである。にもかかわらず、「大阪維新の会」という〈私党〉をつくってしまったことについては、「都」制度推進者をふくめて再検討すべきである。「私党づくり」と「リーダーシップ」は別次元ではないか。政党は「市民」の考え方を複数のワク組に集約して、市民が選択しやすくする政治媒体、つまり公党であって、首長主導政治の自己肥大をおしすすめる私党ではない。

それゆえ、これまでもたえず指摘されつづけてきた大阪府、大阪市それぞれにおける巨大借金整理ついで職務水準・職務規律の着実な改善と、都区制度移行という制度改革は、別次元であることを明確に自覚すべきだろう。それに、元官僚などの発想をまじえた「国家改造」へのオモイツキ・スローガンも、また別問題である。これらを混同するとき、マスコミ用のデマゴギーになってしまう。

＊

戦時中の一九四三年、東京都の出発にあたり、当時の内務省地方局長古井喜美（戦後、第一次大平内閣の法務大臣など歴任）は、その第一は「帝都たる東京に真に国家的性格に適応する体制を整備確立すること」、第二に「帝都に於ける従来の府市併存の弊を是正解消し、帝都一般行政の一元的にして強力なる遂行を期すること」、第三に「帝都行政の根本的刷新と高度の能率化とをはかること」をあげた。

だが、この「戦時帝都行政」と異なって、二〇〇〇年代の市民活動を起点におく「現代自治体政治」では、広域自治体の都レベルからではなく、むしろ、基礎自治体たる市町村が起点であり、東京でも都の内部団体にとどまる「特別区」を、基礎自治体の「完全市」への移行をめざしてきたのが、戦後東京における市民活動の歴史であった。それゆえ、大阪の「都」構想が、東京都モデルであるならば、《現代》の市民活動の歴史に逆行していることになる。

この栗原論文を丁寧に読みこむと、次の点が鮮明に浮かび上がってくる。まず、〈府＋市から都区へ〉の大阪「都」構想なるものは、〈区から市へ〉という戦後にめざされた「東京都区制度改革」と全く逆の歴史を歩もうとしていることである。

つまり、東京都モデルをとれば、大阪市という、現在「県ナミ」の権限・財源をもつ政令市を《府》に「吸収」して「都」とし、大阪（政令）市を特別区に分割して府の「内部団体」化、つまり基礎自治体たる政令市の解体をめざすに他ならない。東京においては戦後、「市」にむけた「特別区の自治権拡充」の五〇年余にわたる市民運動の歴史にもかかわらず、「市」＝基礎自治体にできないため、いまだ都区制度は「制度的不安定性」が続いているのである。

なかでも、「都区制度」の「骨格」として、かつて東京都また特別区の職員だった福島大教授の今井照さんもいうように、「都区財政調整制度ほど東京都にとって『おいしい』制度はない」（同「東京都区制度から考える「大阪都」構想」『市政研究』二〇一〇年一〇月大阪市政調査会）という、かくされた文脈をみなければならない。

都区の財政調整制度は、国の地方交付税制度と違って、基礎自治体つまり政令市の財源を、都が「吸収」することによって成り立っているのだという論理を確認したい。かつて府知事だった橋下現大阪市長は、この府と市、つまり矛と盾の関係を、どのように考えているのだろうか。この東京都の「おいしさ」は、もし東京都モデルをとるならば、「大阪都」にとっても同じ「おいしさ」である。

「大阪都」構想をめぐって、大小の脚色や飾りつけはあるが、これを取り払ってみると、「大阪都構想」そしてさらには「関西道州発想」の本質が、実のところ、大阪府庁幹部にとって、[1]「大阪府の大借金の、他自治体への借金チラシ」、ついで[2]政令市にたいする「大阪府の失地回復」にある、という見方が出てくるのは当然といえる。つまり、大阪府からみるとき、県ナミの政令市から[1]では「財源」取奪、[2]では「権限」剥奪をめざす、大阪（政令）市の〈自治破壊〉という批判をうけることを、大阪「都」の構想者たちは覚悟すべきだろう。堺（政令）市がこの「都」構想に、今日のところくわわらないのは当然である。

くわえて、大阪「都」の発想が大阪府主導ではじまったこともあって、もし「都」への移行の事前に、府・市間での人事平等という協定がむすばれても、結果としては市町村合併、企業合併の多くにみられているように守られず、[3]「都」の人事は大阪府中心、「区」の人事は大阪（政令）市中心になると想定しておくべきであろう。結果として、区は実質、大阪都の「内部団体」にすぎなくなる。長・議員が直接「公選」の東京都の特別区ですら、「二〇〇〇年分権改革」後も「完全市」になれず、東京都の「内部団体」性が、前述したように、いまだに強くのこっているのである。

そのうえ、この二〇〇〇年代、日本のモロイ大都市では、東京、大阪をふくめ、今後おこりうる大震災にそなえて、巨費を必要とする［1］防災のための都市改造、［2］老朽化した都市インフラ更新が急務となっている。これにくわえて、［3］高齢社会移行での福祉負担も加重する。とすれば、「都」制への制度イジリ以前に、この［1］［2］［3］に早急にとりくむことによって、このとりくみのなかで、首長・議員の政治家は、大阪府、大阪（政令）市それぞれの政治・行政さらに職員の「体質改革」をおしすすめるべきではないか。

ところで、最後の問題がのこっている。都制は本土決戦をめざした戦時中、首都という東京の歴史特性からきたのだが、今日、大阪だけを「都」にする議論をすすめる「理由は何か」という問題があらためてのこる。他方、この大阪市だけの大阪「都」構想と異なって、政令市市長会（正式には指定都市市長会）からは、正式に「特別自治市」構想がすでに、橋下大阪市長の就任以前の二〇一一年七月二七日にでているのも事実である。とすれば、大阪「都」構想の独走もできない。

さらには、県・市の二重行政が問題となるときは、最初にみたように各県庁所在市一般の問題となり、また県内の二ないし三政令市による県機能の空洞化が問題となるならば、神奈川県、福岡県などもふくめて考える必要がでてくるのではないか。

いずれにせよ、制度改革をめぐっては、制度間の〈全国均衡〉を考えなければならないという、熟慮が不可欠である。とすれば、大阪「都」構想の当事者たちは、この「都」構想の「理由」をあらためて整理し、明示すべきである。

東京の都区制度改革問題については、一九七六年の神原勝・篠原一・菅原良長・西尾勝・松下圭一『都政改革討議のための提言』（都区政研究会、一九七六年五月二〇日）も参照いただきたい。東京都区制度をめぐる、この考え方の基本は、「二〇〇〇年分権改革」にも反映している。

*

日本の自治制度は、もはやかつてのように内務省↓自治省↓総務省の官僚によるサジカゲン、あるいはまた政治家ないし首長のオモイツキからの出発もできない。本書の編者としては、今日、制度改革では、まず市民相互の議論が基本と考えるため、あらためて大阪府、大阪市の、財政現実をふくめ、徹底的な情報公開を期待したい。

二〇一二年三月二〇日

友人代表として　米倉克良

地方自治ジャーナルブックレット No.61

いま、なぜ大阪市の消滅なのか

2013 年 3 月 25 日　初版発行

編　著　　大阪の自治を考える研究会
発行人　　武内　英晴
発行所　　公人の友社
〒 112-0002　東京都文京区小石川５－２６－８
ＴＥＬ ０３－３８１１－５７０１
ＦＡＸ ０３－３８１１－５７９５
Ｅメール　info@koujinnotomo.com
http://koujinnotomo.com/
印刷所　　倉敷印刷株式会社
ISBN978-4-87555-617-6

「官治・集権」から
「自治・分権」へ

市民・自治体職員・研究者のための

自治・分権テキストシリーズ

《出版図書目録 2013.3》

〒120-0002　東京都文京区小石川 5-26-8
TEL　03-3811-5701
FAX　03-3811-5795
mail　info@koujinnotomo.com

公人の友社

●ご注文はお近くの書店へ
小社の本は、書店で取り寄せることができます。「公人の友社の『○○○○』を取り寄せてください」とお申し込みください。5日おそくとも10日以内にお手元に届きます。
●直接ご注文の場合は
電話・FAX・メールでお申し込み下さい。

TEL　03-3811-5701
FAX　03-3811-5795
mail　info@koujinnotomo.com

（送料は実費、価格は本体価格）

［地方自治ジャーナル
ブックレット］

No.1
水戸芸術館の実験
森啓　1,166円　（品切れ）

No.2
政策課題研究研修マニュアル
首都圏政策研究・研修研究会
1,359円　（品切れ）

No.3
使い捨ての熱帯雨林
熱帯雨林保護法律家リーグ
971円　（品切れ）

No.4
自治体職員世直し志士論
童門冬二・村瀬誠　971円

No.5
行政と企業は文化支援で何ができるか
日本文化行政研究会　1,166円
（品切れ）

No.6
まちづくりの主人公は誰だ
浦野秀一　1,165円　（品切れ）

No.7
パブリックアート入門
竹田直樹　1,166円　（品切れ）

No.8
市民的公共性と自治
今井照　1,166円　（品切れ）

No.9
ボランティアを始める前に
佐野章二　777円

No.10
自治体職員の能力
自治体職員能力研究会　971円

No.11
パブリックアートは幸せか
山岡義典　1,166円　（品切れ）

No.12
市民が担う自治体公務
パートタイム公務員論研究会
1,359円

No.13
行政改革を考える
山梨学院大学行政研究センター
1,166円　（品切れ）

No.14
上流文化圏からの挑戦
山梨学院大学行政研究センター
1,166円

No.15
市民自治と直接民主制
高寄昇三　951円

No.16
議会と議員立法
上田章・五十嵐敬喜　1,600円

No.17
分権段階の自治体と政策法務
山梨学院大学行政研究センター
1,456円

No.18
地方分権と補助金改革
高寄昇三　1,200円

No.19
分権化時代の広域行政
山梨学院大学行政研究センター
1,200円

No.20
あなたの町の学級編成と地方分権
田嶋義介　1,200円

No.21
自治体も倒産する
加藤良重　1,000円　（品切れ）

No.22
ボランティア活動の進展と自治体の役割
山梨学院大学行政研究センター
1,200円

No.23
新版2時間で学べる「介護保険」
加藤良重　800円

No.24
男女平等社会の実現と自治体の役割
山梨学院大学行政研究センター
1,200円

No.25
市民がつくる東京の環境・公害条例
市民案をつくる会　1,000円

No.26
東京都の「外形標準課税」はなぜ正当なのか
青木宗明・神田誠司　1,000円

No.27
少子高齢化社会における福祉のあり方
山梨学院大学行政研究センター
1,200円

No.28
財政再建団体
橋本行史　1,000円

No.29
交付税の解体と再編成
高寄昇三　1,000円

No.30
町村議会の活性化
山梨学院大学行政研究センター
1,200円

No.31
地方分権と法定外税
外川伸一　800円

No.32
東京都銀行税判決と課税自主権
高寄昇三　1,200円

No.33
都市型社会と防衛論争
松下圭一　900円

No.34
中心市街地の活性化に向けて
山梨学院大学行政研究センター
1,200円

No.35
自治体企業会計導入の戦略
高寄昇三　1,100円

No.36
行政基本条例の理論と実際
神原勝・佐藤克廣・辻道雅宣
1,100円

No.37
市民文化と自治体文化戦略
松下圭一　800円

No.38
まちづくりの新たな潮流
山梨学院大学行政研究センター
1,200円

No.39
ディスカッション三重の改革
中村征之・大森弥　1,200円

No.40
政務調査費
宮沢昭夫　1,200円

No.41
市民自治の制度開発の課題
山梨学院大学行政研究センター
1,200円

No.42
《改訂版》自治体破たん・「夕張ショック」の本質
橋本行史　1,200円

No.43
分権改革と政治改革
西尾勝　1,200円

No.44
自治体人材育成の着眼点
浦野秀一・井澤壽美子・野田邦弘・西村浩・三関浩司・杉谷戸知也・坂口正治・田中富雄　1,200円

No.45
シンポジウム障害と人権
橋本宏子・森田明・湯浅和恵・池原毅和・青木九馬・澤静子・佐々木久美子　1,400円

No.46
地方財政健全化法で財政破綻は阻止できるか
高寄昇三　1,200円

No.47
地方政府と政策法務
加藤良重　1,200円

No.48
政策財務と地方政府
加藤良重　1,400円

No.49
政令指定都市がめざすもの
高寄昇三　1,400円

No.50
良心的裁判員拒否と責任ある参加
市民社会の中の裁判員制度
大城　聡　1,000円

No.51
討議する議会
自治体議会学の構築をめざして
江藤俊昭　1,200円

No.52
【増補版】大阪都構想と橋下政治の検証
府県集権主義への批判
高寄昇三　1,200円

No.53
虚構・大阪都構想への反論
橋下ポピュリズムと都市主権の対決
高寄昇三　1,200円

No.54
大阪市存続・大阪都粉砕の戦略
地方政治とポピュリズム
高寄昇三　1,200円

No.55
「大阪都構想」を越えて
問われる日本の民主主義と地方自治
（社）大阪自治体問題研究所
1,200円

No.56
翼賛議会型政治・地方民主主義への脅威
地域政党と地方マニフェスト
高寄昇三　1,200円

No.57
なぜ自治体職員にきびしい法遵守が求められるのか
加藤良重　1,200円

No.58
東京都区制度の歴史と課題
都区制度問題の考え方
著：栗原利美、編：米倉克良
1,400円

No.59
「震災復興計画」と住民自治
七ヶ浜町（宮城県）で考える
編著：自治体学会東北ＹＰ
1,400円

No.60
市民が取り組んだ条例づくり
市民が市長・職員・市議会とともにつくった所沢市自治基本条例
編著：所沢市自治基本条例を育てる会
1,400円

No.61
いま、なぜ大阪市の消滅なのか
大都市地域特別区法の成立と今後の課題
編著：大阪の自治を考える研究会
800円

No.62
地方公務員給与は高いのか
非正規職員の正規化をめざして
高寄昇三・山本正憲
1,200円

［福島大学ブックレット
「21世紀の市民講座」］

No.1
外国人労働者と地域社会の未来
著：桑原靖夫・香川孝三、編：坂本惠　900円

No.2
自治体政策研究ノート
今井照　900円

No.3
住民による「まちづくり」の作法
今西一男　1,000円

No.4
格差・貧困社会における市民の権利擁護
金子勝　900円

No.5
法学の考え方・学び方
イェーリングにおける「秤」と「剣」
富田哲　900円

No.6
今なぜ権利擁護か
ネットワークの重要性
高野範城・新村繁文　1,000円

No.7
小規模自治体の可能性を探る
保母武彦・菅野典雄・佐藤力・竹内是俊・松野光伸　1,000円

No.8
小規模自治体の生きる道
連合自治の構築をめざして
神原勝　900円

No.9
文化資産としての美術館利用
地域の教育・文化的生活に資する方法研究と実践
辻みどり・田村奈保子・真歩仁しょうにん　900円

【地方自治土曜講座ブックレット】

No.1
現代自治の条件と課題
神原勝　900円　（品切れ）

No.2
自治体の政策研究
森啓　600円

No.10
自治体デモクラシーと政策形成
山口二郎　500円　（品切れ）

No.22
地方分権推進委員会勧告とこれからの地方自治
西尾勝　500円　（品切れ）

No.26
地方分権と地方財政
横山純一　600円　（品切れ）

No.27
比較してみる地方自治
田口晃・山口二郎　600円　（品切れ）

No.28
議会改革とまちづくり
森啓　400円　（品切れ）

No.33
ローカルデモクラシーの統治能力
山口二郎　400円　（品切れ）

No.34
政策立案過程への戦略計画手法の導入
佐藤克廣　500円　（品切れ）

No.39
「近代」の構造転換と新しい「市民社会」への展望
今井弘道　500円

No.41
少子高齢社会の自治体の福祉法務
加藤良重　400円

No.42
改革の主体は現場にあり
山田孝夫　900円

No.43
自治と分権の政治学
鳴海正泰　1,100円

No.44
公共政策と住民参加
宮本憲一　1,100円

No.45
農業を基軸としたまちづくり
小林康雄　800円

No.46
これからの北海道農業とまちづくり
篠田久雄　800円

No.47
自治の中に自治を求めて
佐藤守　1,000円

No.48
介護保険は何をかえるのか
池田省三　1,100円

No.49
介護保険と広域連合
大西幸雄　1,000円

No.50
自治体職員の政策水準
森啓　1,100円

No.51
分権型社会と条例づくり
篠原一　1,000円

No.52
自治体における政策評価の課題
佐藤克廣　1,000円

No.53
小さな町の議員と自治体
室埼正之　900円

No.55
改正地方自治法とアカウンタビリティ
鈴木庸夫　1,200円

No.56
財政運営と公会計制度
宮脇淳　1,100円

No.57
自治体職員の意識改革を如何にして進めるか
林嘉男　1,000円　（品切れ）

No.59
環境自治体とＩＳＯ
畠山武道　700円

No.60
転型期自治体の発想と手法
松下圭一　900円

No.61
分権の可能性
スコットランドと北海道
山口二郎　600円

No.62
機能重視型政策の分析過程と財務情報
宮脇淳　800円

No.63
自治体の広域連携
佐藤克廣　900円

No.64
分権時代における地域経営
見野全　700円

No.65
町村合併は住民自治の区域の変更である
森啓　800円

No.66
自治体学のすすめ
田村明　900円

No.67
市民・行政・議会のパートナーシップを目指して
松山哲男　700円

No.69
新地方自治法と自治体の自立
井川博　900円

No.70
分権型社会の地方財政
神野直彦　1,000円

No.71
自然と共生した町づくり
宮崎県・綾町
森山喜代香　700円

No.72
情報共有と自治体改革
片山健也　1,000円

No.73
地域民主主義の活性化と自治体改革
山口二郎　900円

No.74
分権は市民への権限委譲
上原公子　1,000円

No.75
今、なぜ合併か
瀬戸亀男　800円

No.76
市町村合併をめぐる状況分析
小西砂千夫　800円

No.78
ポスト公共事業社会と自治体政策
五十嵐敬喜　800円

No.80
自治体人事政策の改革
森啓　800円

No.82
地域通貨と地域自治
西部忠　900円　（品切れ）

No.83
北海道経済の戦略と戦術
宮脇淳　800円

No.84
地域おこしを考える視点
矢作弘　700円

No.87
北海道行政基本条例論
神原勝　1,100円

No.90
「協働」の思想と体制
森啓　800円

No.91
協働のまちづくり
三鷹市の様々な取組みから
秋元政三　700円

No.92
シビル・ミニマム再考
松下圭一　900円

No.93
市町村合併の財政論
高木健二　800円

No.95
市町村行政改革の方向性
佐藤克廣　800円

No.96
創造都市と日本社会の再生
佐々木雅幸　900円

No.97
地方政治の活性化と地域政策
山口二郎　800円

No.98
多治見市の総合計画に基づく政策実行
西寺雅也　800円

No.99
自治体の政策形成力
森啓　700円

No.100
自治体再構築の市民戦略
松下圭一　900円

No.101
維持可能な社会と自治体
宮本憲一　900円

No.102
道州制の論点と北海道
佐藤克廣　1,000円

No.103
自治基本条例の理論と方法
神原勝　1,100円

No.104
働き方で地域を変える
山田眞知子　800円　（品切れ）

No.107
公共をめぐる攻防
樽見弘紀　600円

No.108
三位一体改革と自治体財政
岡本全勝・山本邦彦・北良治・逢坂誠二・川村喜芳　1,000円

No.109
連合自治の可能性を求めて
松岡市郎・堀則文・三本英司・佐藤克廣・砂川敏文・北良治他
1,000円

No.110
「市町村合併」の次は「道州制」か
森啓　900円

No.111
コミュニティビジネスと建設帰農
松本懿・佐藤吉彦・橋場利夫・山北博明・飯野政一・神原勝
1,000円

No.112
「小さな政府」論とはなにか
牧野富夫　700円

No.113
栗山町発・議会基本条例
橋場利勝・神原勝　1,200円

No.114
北海道の先進事例に学ぶ
宮谷内留雄・安斎保・見野全・佐藤克廣・神原勝　1,000円

No.115
地方分権改革の道筋
西尾勝　1,200円

No.116
転換期における日本社会の可能性
維持可能な内発的発展
宮本憲一　1,100円

［TAJIMI CITY ブックレット］

No.2
転型期の自治体計画づくり
松下圭一　1,000円

No.3
これからの行政活動と財政
西尾勝　1,000円

No.4
構造改革時代の手続的公正と第二次分権改革
鈴木庸夫　1,000円

No.5
自治基本条例はなぜ必要か
辻山幸宣　1,000円

No.6
自治のかたち、法務のすがた
天野巡一 1,100円

No.7
自治体再構築における行政組織と職員の将来像
今井照 1,100円

No.8
持続可能な地域社会のデザイン
植田和弘 1,000円

No.9
「政策財務」の考え方
加藤良重 1,000円

No.10
市場化テストをいかに導入するべきか
竹下譲 1,000円

No.11
市場と向き合う自治体
小西砂千夫・稲澤克祐 1,000円

【地域ガバナンスシステム・シリーズ】
（龍谷大学地域人材・公共政策開発システム・オープン・リサーチ・センター（LORC）…企画・編集）

No.1
地域人材を育てる自治体研修改革
土山希美枝 900円

No.2
公共政策教育と認証評価システム
坂本勝 1,100円

No.3
暮らしに根ざした心地よいまち
編：龍谷大学地域人材・公共政策開発システム・オープン・リサーチ・センター（LORC） 1,100円

No.4
持続可能な都市自治体づくりのためのガイドブック
編：龍谷大学地域人材・公共政策開発システム・オープン・リサーチ・センター（LORC） 1,100円

No.5
英国における地域戦略パートナーシップ
編：白石克孝、監訳：的場信敬 900円

No.6
マーケットと地域をつなぐパートナーシップ
編：白石克孝、著：園田正彦 1,000円

No.7
政府・地方自治体と市民社会の戦略的連携
的場信敬 1,000円

No.8
多治見モデル
大矢野修 1,400円

No.9
市民と自治体の協働研修ハンドブック
土山希美枝 1,600円

No.10
行政学修士教育と人材育成
坂本勝 1,100円

No.11
アメリカ公共政策大学院の認証評価システムと評価基準
早田幸政 1,200円

No.12
イギリスの資格履修制度
資格を通しての公共人材育成
小山善彦 1,000円

No.14
炭を使った農業と地域社会の再生
市民が参加する地球温暖化対策
井上芳恵 1,400円

No.15
対話と議論で〈つなぎ・ひきだす〉ファシリテート能力育成ハンドブック
土山希美枝・村田和代・深尾昌峰 1,200円

No.16
「質問力」からはじめる自治体議会改革
土山希美枝 1,100円

【生存科学シリーズ】

No.2
再生可能エネルギーで地域がかがやく
秋澤淳・長坂研・小林久 1,100円

No.3
小水力発電を地域の力で
小林久・戸川裕昭・堀尾正靭 1,200円

No.4
地域の生存と社会的企業
柏雅之・白石克孝・重藤さわ子 1,200円

No.5
地域の生存と農業知財
澁澤栄・福井隆・正林真之 1,000円

No.6
風の人・土の人
千賀裕太郎・白石克孝・柏雅之・福井隆・飯島博・曽根原久司・関原剛 1,400円

No.7
地域からエネルギーを引き出せ！
PEGASUSハンドブック（環境エネルギー設計ツール）
監修：堀尾正靭・白石克孝、著：重藤さわ子・定松功・土山希美枝 1,400円

No.8
地域分散エネルギーと「地域主体」の形成
風・水・光エネルギー時代の主役を作る
編：小林久・堀尾正靭、著：独立行政法人科学技術振興機構 社会技術研究開発センター「地域に根ざした脱温暖化・環境共生社会」研究開発領域 地域分散電源等導入タスクフォース 1,400円

〔都市政策フォーラムブックレット〕

No.1
「新しい公共」と新たな支え合いの創造へ
渡辺幸子・首都大学東京　都市教養学部都市政策コース
900円（品切れ）

No.2
景観形成とまちづくり
首都大学東京　都市教養学部都市政策コース　1,000円

No.3
都市の活性化とまちづくり
首都大学東京　都市教養学部都市政策コース　1,100円

〔朝日カルチャーセンター地方自治講座ブックレット〕

No.1
自治体経営と政策評価
山本清　1,000円

No.2
ガバメント・ガバナンスと行政評価
星野芳昭　1,000円（品切れ）

No.4
「政策法務」は地方自治の柱づくり
辻山幸宣　1,000円

No.5
政策法務がゆく
北村善宣　1,000円

〔政策・法務基礎シリーズ〕

No.1
自治立法の基礎
東京都市町村職員研修所
600円（品切れ）

No.2
政策法務の基礎
東京都市町村職員研修所
952円

〔北海道自治研ブックレット〕

No.1
市民・自治体・政治
再論・人間型としての市民
松下圭一　1,200円

No.2
議会基本条例の展開
その後の栗山町議会を検証する
橋場利勝・中尾修・神原勝
1,200円

No.3
福島町の議会改革
議会基本条例＝開かれた議会づくりの集大成
溝部幸基・石堂一志・中尾修・神原勝　1,200円

〔京都政策研究センターブックレット〕

No.1
地域貢献としての「大学発シンクタンク」
編著：青山公三・小沢修司・杉岡秀紀・藤沢実
1,000円

〔自治体〈危機〉叢書〕

自治体財政破綻の危機・管理
加藤良重　1,400円

政策転換への新シナリオ
小口進一　1,500円

【単行本】

〔地方財政史〕
高寄昇三著　各5,000円

大正地方財政史・上巻
大正デモクラシーと地方財政

大正地方財政史・下巻
政党化と地域経営
都市計画と震災復興

昭和地方財政史・第一巻
地域格差と両税委譲
分与税と財政調整

昭和地方財政史・第二巻
補助金の成熟と変貌
匡救事業と戦時財政

〔私たちの世界遺産〕

No.1
持続可能な美しい地域づくり
五十嵐敬喜他　1,905円

No.2
地域価値の普遍性とは
五十嵐敬喜・西村幸夫
1,800円

No.3
世界遺産登録・最新事情
長崎・南アルプス
五十嵐敬喜・西村幸夫
1,800円

No.4
新しい世界遺産の登場
南アルプス［自然遺産］九州・山口［近代化遺産］
五十嵐敬喜・西村幸夫・岩槻邦男・松浦晃一郎 2,000円

〔別冊〕No.1
ユネスコ憲章と平泉・中尊寺供養願文
五十嵐敬喜・佐藤弘弥
1,200円

〔別冊〕No.2
平泉から鎌倉へ
鎌倉は世界遺産になれるか?!
五十嵐敬喜・佐藤弘弥
1,800円

［自治基本条例］

増補 自治・議会基本条例論
神原 勝 2,500円

自治基本条例は活きているか
~ニセコ町まちづくり基本条例の10年
木佐茂男・片山健也・名塚昭
2,600円

［その他］

自律自治体の形成
西寺雅也 2,600円

フィンランドを世界一に導いた100の社会改革
イルッカ・タイパレ著
山田眞知子訳 2,800円

公共経営入門
~公共領域のマネジメントとガバナンス
トニー・ボーベル・エルク・ラフラー編著、みえガバナンス研究会翻訳、稲澤克祐・紀平美智子監修 2,500円

自治体政府の福祉政策
加藤良重 2,500円

文化の見えるまち
~自治体の文化戦略
森啓 2,400円

総括・介護保険の10年
~2012年改正の論点
編著：鏡諭 著：介護保険原点の会 2,200円

自治体理論の実践
~北海道土曜講座の十六年
編著：森啓 川村喜芳 1,600円

変えよう地方議会
~3・11後の自治に向けて
河北新報社編集局 2,000円

自治体職員研修の法構造
田中孝男 3,200円

国立景観訴訟
~自治が裁かれる
五十嵐敬喜・上原公子 2,800円

地方自治制度「再編論議」の深層
~ジャーナリストが分析する
監修：木佐茂男、著：青山彰久・国分貴史著 1,500円

韓国における地方分権改革の分析
~弱い大統領と地域主義の政治経済学
尹誠國 2,400円

自治体国際政策論
~自治体国際事務の理論と実践
楠本利夫 1,400円

成熟と洗練
日本再構築ノート

松下圭一（法政大学名誉教授）
四六判・上製・2,500円

巨大借金、人口高齢化で「沈没」しつつある日本の政治・行政、経済・文化の構造再編をめざす〈市民政治〉、〈国会内閣制〉、〈自治体改革〉への展望をやさしく語る。

あわせて半世紀以上つづいた自民党政治に同化したマスコミの《自民党史観》体質を鋭く批判。


この本は、2006年からポツポツ、若い友人たちとの議論に触発されながら、対話をまじえて、私自身の考え方をつづったものである。日本の「戦後」全体に話がおよんでいるので、若い世代の方々に、ぜひ目を通していただきたいと考えている。

（「まえがき」より）